MEDIT

Die Besten Meditationstechniken für kinder

(Achtsamkeit - Meditation Für Anfänger Wie
Meditiert Man)

Daniel König

Published by Knowledge Icon

© **Daniel König**

All Rights Reserved

*Meditation: Die Besten Meditationstechniken für kinder
(Achtsamkeit - Meditation Für Anfänger Wie Meditiert
Man)*

ISBN 978-1-990084-95-9

Legal & Disclaimer

The information contained in this book is not designed to replace or take the place of any form of medicine or professional medical advice. The information in this book has been provided for educational and entertainment purposes only.

The information contained in this book has been compiled from sources deemed reliable, and it is accurate to the best of the Author's knowledge; however, the Author cannot guarantee its accuracy and validity and cannot be held liable for any errors or omissions. Changes are periodically made to this book. You must consult your doctor or get professional medical advice before using any of the suggested remedies, techniques, or information in this book.

Upon using the information contained in this book, you agree to hold harmless the Author from and against any damages, costs, and expenses, including any legal fees potentially resulting from the application of any of the information provided by this guide. This disclaimer applies to any damages or injury caused by the use and application, whether directly or indirectly, of any advice or information presented, whether for breach of contract, tort, negligence, personal injury, criminal intent, or under any other cause of action.

You agree to accept all risks of using the information presented inside this book. You need to consult a professional medical practitioner in order to ensure you are both able and healthy enough to participate in this program.

Table of Contents

Kapitel 1: Was Ist Meditation?

Das Wort „Meditation" stammt aus der lateinischen Sprache („Medium" – Mitte bzw. „meditare" = aufrichten). Die Meditation wird besonders von spirituellen Kulturen ausgeübt, ist in den letzten Jahren aber auch in unseren Breitenkreisen immer weiter in den Mittelpunkt unseres Lebens gerückt.

Besonders in Unternehmen wird die Meditation immer größer geschrieben. So bauen immer mehr Manager und Führungskräfte die Meditation in ihren Alltag ein (siehe Artikel: https://www.wiwo.de/erfolg/wie-manager-fuehrungsqualitaeten-verbessern-yoga-und-meditation-loesen-laufen-ab/19295470-2.html).

Was passiert?
Fragst du dich auch, was bei der Meditation passiert? Wir sitzen in einer möglichst bequemen Position mit einem geraden Rücken und geschlossenen

Augen. Das Ziel ist es, dass wir uns komplett entspannen und auch unseren Geist mit etwas Positivem entspannen. Auf diese Weise können wir unser Bewusstsein steigern und in einen Zustand gelangen, der sich jenseits unserer Gedanken befindet. Du kannst dir diesen Zustand wie eine Art Einschlafphase vorstellen, in der wir bei vollem Bewusstsein sind.

Was wird erreicht?
Mit der Meditation kann einiges erreicht werden. Hier steht besonders die Ruhe und unser innerer Fokus im Vordergrund. Denn es geht darum, in Zeiten von beruflichem Terminstress und privaten Verpflichtungen eine kleine Auszeit für sich zu nehmen. Darüber hinaus wird die Achtsamkeit immer wichtiger. All dies kann mit einer regelmäßigen Meditation verbessert bzw. herbeigerufen werden. Dabei kommt es ganz darauf an, wie oft und wie lange meditiert wird.
Bei der Meditation kommt es nicht darauf an, dass du deine Gedanken wegschiebst und ignorierst. Wir schauen uns jeden

aufkommenden Gedanken an und lassen ihn ohne jegliche Bewertung weiterziehen. Dies mag erst einmal verständlich klingen. Doch befinden wir uns erst einmal in der Meditation, wird dies zu einer Art Bestandsprobe. Dabei ist es jedoch wichtig, dass du dich nicht unter Druck setzt. Denn es soll eine Entspannung herbeigeführt werden.

Was passiert im Kopf?
Nicht nur religiöse Traditionen tauchen seit tausenden von Jahren in die Tiefen der Meditation ein, sondern auch Wissenschaftler begeben sich auf die Suche nach Fakten. Wie ist es möglich, dass sich die Meditation positiv auf Körper, Geist und Seele auswirkt? Wissenschaftler wie Yi-Yuan Tang von der Texas Tech University in Lubbock haben herausgefunden, dass sich die Nervenzellen in unserem Gehirn beim Meditieren verändern (siehe Spiegel 06/2012: http://www.spiegel.de/wissenschaft/mensch/hirnforschung-meditation-verbessert-

nerven-a-838296.html). Demnach wirkt sich die Meditation positiv auf unsere Stimmung aus.

Bei der Meditation handelt es sich jedoch nicht um ein Konzentrationstraining. Denn unseren Kopf versuchen wir beim Meditieren komplett abzuschalten. Gleichzeitig ärgern wir uns aber auch nicht über aufkommende Gedanken, sondern können sie akzeptieren. Es geht um eine Art Achtsamkeitstraining, um den gegenwärtigen Moment besser wahrnehmen zu können.

Es gibt verschiedene Übungen, die uns dabei unterstützen können, wie z.B. den Fokus auf den Atem zu lenken und uns über die Atempausen bewusst zu werden. Auch ist das rhythmische Atmen eine wunderbare Übung, um zur Ruhe zu kommen. Diese und mehr Übungen werde ich dir in Kapitel 4 genauer erläutern.

Und was ist mit dem Herzen?

Auch dein Herz spielt in der Meditation eine wichtige Rolle. Denn es geht bei der Meditation nicht nur darum, deine

Gedanken zu beobachten. Auch geht es darum, einen Blick in dein Herz zu werfen und mit ihm Kontakt aufzunehmen. Es geht somit darum, Herz und Geist zueinander zu führen. Auf diese Weise kannst du zu einer ausgeglichenen Person werden – auch in Zeiten von Terminstress und privaten Verpflichtungen.

Wie wirkt Meditation?

Unsere körperliche und psychische Gesundheit sind stark miteinander verbunden. Wer sich körperlich schlapp fühlt, dem mangelt es häufig auch an Konzentration. Das Gleiche ist der Fall, wenn wir uns seelisch nicht wohlfühlen. So kann dies Auswirkungen auf die körperliche Gesundheit haben. Durch die Meditation können wir sowohl die Gesundheit unserer Psyche als auch unseren Körper beeinflussen.

Das Gute an der Meditation ist übrigens, dass du sie an jedem Ort und zu jeder Zeit ausführen kannst. Doch wie genau wirkt Meditation auf Körper, Geist und Seele und was sind die Vorteile, die sogar erfolgreiche Unternehmer zum Meditieren bewegen? Schauen wir uns das Ganze mal näher an:

1. Mit Meditation bist du weniger stressanfällig

Das Meditieren hat einen besonders starken Effekt auf unsere Psyche. Dies gilt insbesondere dann, wenn wir von Stress geplagt werden und kaum zur Ruhe kommen. Wollen wir uns einmal entspannen, kommt der nächste Kunde oder Termin um die Ecke. Und auch am Abend können wir alles andere als entspannen. Die Kinder müssen ins Bett gebracht und der nächste Urlaub oder die Bauarbeiten am Haus geplant werden.

Die gute Nachricht ist: Schon innerhalb von drei Tagen mit einer Meditationsdauer von 25 Minuten kannst du deinen Stress abbauen und gelassener durch den Tag gehen. Dies haben immerhin die Forscher an der Carnegie Mellon Universität herausgefunden (mehr zur Studie hier: http://time.com/2933893/25-minutes-of-this-will-get-rid-of-your-stress/.) So kamen die Beteiligten zu einem Gefühl von Ausgeglichenheit und Ruhe zurück.

Wenn auch du zu denjenigen gehörst, die Angst davor haben, den Anforderungen im Alltag nicht gerecht zu werden, solltest du nicht mehr länger warten! Nutze die Meditation für dich und deine Gesundheit!

2.   Du hast positivere Gedanken

Durch das regelmäßige Meditieren kannst du deinen Gedankenfluss bestimmen. Dies hat auch eine Studie des KRM Centers Manipal und Udupi in Karnataka (Indien) gezeigt. So wurde ein deutlicher Unterschied in der Zufriedenheit zwischen den meditierenden und den nicht meditierenden Personen bewiesen (siehe auch: https://www.ncbi.nlm.nih.gov/pmc/articles/PMC3843423/)

Indem du das Meditieren für dich zur täglichen Praxis machst, kannst auch du positivere Gedanken generieren. Anstatt dich über alles wie üblich zu ärgern, nimmst du die Dinge auf eine leichtere Art und Weise wahr. Ein gutes Beispiel hierfür sind Mönche. Sie verfügen über eine positive Einstellung zum Leben und gehen damit auch gelassener und zufriedener durch den Tag.

Wusstest du, dass im Labor nachweisbar ist, was in deinem Kopf abläuft? So haben Untersuchungen der Wissenschaftlerin Barbara Fredrickson an der Universität Kalifornien zeigen können, was in unserem Kopf passiert, wenn eine Person optimistisch eingestellt ist (siehe auch: https://www.ncbi.nlm.nih.gov/pmc/article s/PMC3156028/)

Die linke frontale Gehirnhälfte ist besonders stark aktiv. Es handelt sich hierbei um das logische Denkvermögen. Der rechte Bereich hingegen sorgt für eine Ausgeglichenheit unserer Emotionen. Auch im Hippocampus tut sich einiges: So verkleinert dieser sich, wenn zu viel Stress auftaucht und es kann zu einem Ungleichgewicht der Gefühle und Emotionen kommen – und im schlimmsten Fall zur Depression.

Durch die Meditation können wir die Regulierung beeinflussen und der emotionale Zustand kann sich stabilisieren. Allein in Deutschland sind es über 5 Millionen Menschen, die unter depressiven Verstimmungen bzw. Depressionen leiden. Für die Vorbeugung kann eine regelmäßige Meditation wahre Wunder wirken!

3. Dein Cholesterin- und Blutzuckerspiegel sinkt

Wenn du dich für einen Moment hinsetzt und beobachtest, was in dir vor sich geht, kannst du nicht nur deinen Geist beruhigen. Auch wirkt sich dies positiv auf deinen physischen Körper aus. So sinkt dein Blutzuckerspiegel bei einer regelmäßigen Meditation langsam auf ein normales Niveau herab.

Somit wirkt sich der gelassene Ruhezustand positiv auf unseren Blutzucker aus. Personen mit Diabetes können mithilfe der Meditation aber nicht nur ihren Blutzuckerspiegel besser kontrollieren. Auch können die Personen ihren Blutzuckerspiegel senken und Herzkreislaufkrankheiten vorbeugen. Studien zufolge liegt dies daran, dass sich unsere Blutgefäße erweitern und weniger von den Hormonen Cortisol und Insulin ausgeschüttet wird.

So wurde unter anderem in einer Studie von Glenn Levine und anderen Wissenschaftlern bestätigt, dass die Meditation das Risiko für Herzerkrankungen (z.B. Herzinfarkte) senken kann (Quelle: https://www.ncbi.nlm.nih.gov/pmc/article s/PMC5721815/)

Apropos Cortisol: Das Hormon hat einen großen Einfluss auf deine Cholesterinwerte! Denn je mehr du vom Stresshormon in deinem Blut hast, umso höher ist das Risiko für gefäßbedingte Erkrankungen wie Herzkreislauferkrankungen. Das muss aber nicht sein! Eine große Ursache finden wir im täglichen Stress. Während der Stress in unserer Gesellschaft immer größer wird, steigt auch das Cortisol in unserem Körper. Mit der regelmäßigen Meditation kannst du somit sowohl deinen Blutzucker als auch das Cortisol in deinem Körper in ein gesundes Gleichgewicht bringen. Darüber hinaus können eine Ernährungsumstellung und ein gesunder Lebensstil mit weniger Stress hilfreich sein. Mit der Meditation gehst du schon einmal einen großen Schritt in die richtige Richtung! Dies konnte auch von Dr. Anne Fabiny an der Harvard Medical School bestätigt werden (Quelle: https://bit.ly/2bPHSYv).

4.   Du bist gelassener

Vielleicht gehörst auch du zu den Menschen, die sich wenig gedulden können und schneller auf der Palme sitzen, als manch einer reagieren kann. Dann bist du nicht die einzige Person! Denn das tägliche Karussell in unserem Kopf legt nur selten einen Stopp ein. Genau dies gilt es mit der Meditation auf den Grund zu gehen und den Verstand einfach mal zum Halt kommen zu lassen.

Es geht bei der Meditation aber nicht darum, dein Gedanken-Karussell vollkommen abzustellen. Vielmehr geht es darum, deine Gedanken zu beobachten und auf den Grund zu gehen. Es geht somit um die Fähigkeit, dich von deinen Gedanken abzukapseln und auf diese

Weise zu mehr Gelassenheit und Ruhe zu finden. Genau dies kann mit mehr Achtsamkeit durch ein regelmäßiges Meditieren herbeigeführt werden!

So können wir durch den achtsamen Fokus auf unsere Gedanken sehen, wie wir in die Vergangenheit und Zukunft gesteuert werden. Durch die Meditation lernst du, wie du deine Gedanken aus der Ferne beobachtest und bestimmte Gedankenvorgänge sich mit der Zeit ändern. Auf diese Weise kannst du nicht nur achtsamer im Alltag werden, sondern auch geduldiger mit dir selbst sowie vielen Situationen und Mitmenschen in deinem Leben.

Die positiven Effekte für die Gelassenheit in deinem Alltag bestätigen mehrere Studien, die in den vergangenen Jahren von Wissenschaftlern durchgeführt und gesammelt wurden (Quelle: https://www.ncbi.nlm.nih.gov/pmc/article s/PMC3679190/#R129).

5. Du förderst Gedächtnis und Konzentration

Unser Gehirn hat einiges zu verarbeiten. Von neuen und alten Informationen bis hin zu Eindrücken kann die Leistung unseres Gehirns stark beeinflusst werden. Darüber hinaus kommen auch unsere Sinnesorgane hinzu und bewirken, dass sich unsere Gedanken von der aktuellen Tätigkeit ablenken. Wer kennt das nicht? Da sitzt du konzentriert am Schreibtisch und nimmst plötzlich einen süßen Geruch aus der Küche wahr. Oder du bist auf dem Weg zur Arbeit und riechst den leckeren Brötchen-Duft aus der Bäckerei.

Genau dies zeigt, wie schnell wir uns von der eigentlichen Tätigkeit ablenken lassen und unsere Konzentration verlieren. Indem wir unseren Geist durch das Meditieren in regelmäßigen Abständen zur Ruhe bringen, können wir unsere Konzentrationsfähigkeit fördern und den Geist mit neuer Energie versorgen. Besonders die Konzentration und Aufmerksamkeit spielt in unserem heutigen Alltag eine wichtige Rolle.

Die positive Auswirkung auf unsere Konzentration konnte auch von der Johns

Hopkins Universität untersucht und belegt werden (Quelle: https://jamanetwork.com/journals/jamain ternalmedicine/fullarticle/1809754?__hstc =3584879.822a9c3981f04695664b9dc054 b5f524.1523145601970.1523145601971.1 523145601972.1&__hssc=3584879.1.1523 145601973&__hsfp=1773666937).

6.   Du verbesserst deine Intuition

Du magst all das, was in der äußeren Welt passiert, relativ gut verstehen. Doch was ist mit deiner inneren Welt? Indem wir uns mehr auf das Innere fokussieren, können wir uns nicht nur selbst besser kennenlernen. Auch lernen wir zu verstehen, was es mit unserer Intuition auf sich hat. Wir lernen, unsere Intuition zu verstehen und eins zu sein mit ihr. Auf diese Weise können wir Entscheidungen besser treffen und leichter durch das Leben gehen.

Besonders dann, wenn es darum geht, den beruflichen und privaten Stress unter einen Hut zu bekommen, übersehen wir häufig, dass etwas in unserem Körper nicht stimmt. Das langfristige Übersehen von gesundheitlichen Störungen in Körper, Geist und Seele kann fatale Folgen mit sich bringen. Durch den Fokus auf das Innere hören wir in uns hinein und können wieder intuitiv handeln – ganz im Einklang mit Körper, Geist und Seele!

Indem wir in der Meditation unseren Körper wahrnehmen, können wir ein besseres Gespür dafür bekommen, was in unserem Körper vor sich geht. Unser Bewusstsein wird von beiden Gehirnhälften gesteuert. Die innere Ruhe, die wir durch das Meditieren gewinnen, kann nachhaltige positive Effekte auf dein intuitives Gespür haben. Je besser du deine eigenen Empfindungen wahrnimmst, umso besser ist am Ende auch dein Bauchgefühl.

Auch die Studie von Sara W. Lazar an dem National Institut of Health in den USA ergab, dass sich eine regelmäße Meditation auf die Hirnrinde auswirkt. Dies beeinflusst sowohl die Konzentration und den Fokus als auch unsere Intuition (Quelle:

https://hms.harvard.edu/sites/default/file
s/assets/Harvard%20Now%20and%20Zen
%20Reading%20Materials.pdf).

7. Der Alterungsprozess verlangsamt sich

Es gibt etwas, das weder du noch ich aufhalten können – das Alter. Mit jedem Atemzug altern wir ein Stück weiter. Unsere Haut nimmt mit der Zeit immer mehr Falten an und auch unsere kognitive Leistungsfähigkeit nimmt ab. Die Bereiche in unserem Gehirn, die für die verschiedenen Leistungen verantwortlich sind, können wir jedoch durch das Meditieren stärken. Dazu gehören zum Beispiel die Wahrnehmung über unsere Sinne sowie die Leistung unseres Gedächtnisses.

Schauen wir uns an, was im Gehirn mit den Jahren passiert, kann dies erschreckend wirken. So nimmt die Großhirnrinde mit dem steigenden Alter ab. Nicht aber bei Personen, die regelmäßig meditieren. Wir können durch das Meditieren unsere Gehirnstrukturen verändern und damit auch unsere

Gedächtnisleistung verbessern. Die positiven Effekte auf den Alterungsprozess zeigt auch eine Studie der Wissenschaftlerin Elizabeth A. Hodge aus dem Jahr 2013 an der Harvard Medical School (Quelle: https://www.sciencedirect.com/science/article/pii/S0889159113001736).

8. Du kannst besser schlafen

Wir alle kennen das Problem, wenn wir nicht schlafen können und uns von einer Seite auf die andere drehen. Besonders dann, wenn wir gestresst sind und eine lange To-do Liste abzuarbeiten haben, kann sich dies auf unseren Schlaf auswirken. Dass die Meditation auf unsere Schlafqualität einen erheblichen Einfluss nehmen kann, zeigte bereits in den 1970er Jahren Dr. Herbert Benson in einer seiner Studien zur achtsamen Meditation (Quelle: https://www.health.harvard.edu/blog/mindfulness-meditation-helps-fight-insomnia-improves-sleep-201502187726).

In der Studie fanden die Wissenschaftler heraus, dass es mit der Meditation eine tiefe physiologische Veränderung im Körper gibt, die das Gegenteil vom Stress bewirkt. Seitdem sind unzählige Untersuchungen in Verbindung mit unserem Schlaf und einer regelmäßigen Meditation einhergegangen und konnten ähnliche Resultate erzielen. Das Meditieren wirkt sich nicht nur auf die bessere Kontrolle unserer Gefühle aus. Auch verfallen wir nicht so schnell in emotionalen Stress und können nachts besser abschalten.

9. Du hast ein reduziertes Schmerzempfinden

Die Meditation kann einen direkten Einfluss auf unser Schmerzempfinden nehmen. Dies konnten Wissenschaftler an der Harvard Medical School herausfinden (https://www.ncbi.nlm.nih.gov/pmc/articl es/PMC4941786/). So wurden in verschiedenen Untersuchungen mit Patienten die Meditation praktiziert und festgestellt, dass ein vermindertes Wahrnehmen der Schmerzen vorlag. Chronische Schmerzen konnten mit der

Meditation immerhin bis zu 57 Prozent gemindert werden.

Die Schmerzen stehen in einem starken Zusammenhang mit den Schmerzempfindungen in unserem Gehirn. So wird während einer tiefen Meditation der sensorische Cortex extrem heruntergefahren. Dies bewirkt, dass die Schmerzempfindlichkeit um bis zu 40 Prozent nachlassen kann. Personen mit starken Schmerzen können somit nicht nur die Gehirnstrukturen verändern, sondern auch ihre Schmerzen lindern.

Ein wichtiges Detail, das im Zusammenhang mit dieser Studie in Verbindung steht, ist besonders interessant. So fühlt der menschliche Verstand nicht nur einfach den Schmerz. Auch verarbeiten wir all die Informationen, die mit dem Schmerz in Zusammenhang stehen. Unser Verstand versucht darüber hinaus zu verstehen, wie es zu diesem Schmerzen kommt und geht den Wurzeln auf den Grund. Dies kann zu einem noch tieferen Schmerzempfinden führen.

10. Dein Immunsystem wird gestärkt

Unser Immunsystem reagiert sowohl auf negative als auch positive Gedanken. Je nachdem, in welche Richtung deine Gedanken gehen, wirkt sich dies entsprechend auf das Immunsystem aus. Durch die Meditation versuchen wir unter anderem, uns von allen aufkommenden Gedanken zu entfernen. Dies führt in unserem Gehirn dazu, dass die verschiedenen Bereiche stimuliert werden. Darüber hinaus kommt es durch das achtsame Meditieren zu einem Antrieb der positiven Gedanken, wie mehrere Studien zeigen konnten, wie z.B. die Studie an der Universität Wisconsin (Quelle: https://www.ncbi.nlm.nih.gov/pubmed/ 12883106). So wird die elektrische Aktivität im präfrontalen Cortex verstärkt und es werden alle Bereiche aktiviert, die für unsere Achtsamkeit und positive Gefühle verantwortlich sind. Diese Bereiche können als Hauptzentrale für unser Immunsystem betrachtet werden. Werden diese Bereiche stimuliert, kann unser Immunsystem gestärkt werden.

Was kannst du durch Meditationen erreichen?

Du kannst dein Leben durch das regelmäßige Meditieren bewusst verändern. Denn das Meditieren gibt dir nicht nur mehr Energie. Auch hilft es dir, bewusster durch deinen Alltag zu gehen und die Aufgaben des Alltags mit mehr Achtsamkeit zu bewältigen. Du kannst deine Bewusstseinsebenen vertiefen und noch besser zu dir selbst finden. Mit anderen Worten: Du entdeckst, was wirklich in dir steckt!

Indem du mehr über dich selbst und deinen tiefen inneren Kern erfährst, kannst du verschiedene Vorteile erfahren: Du wirst selbstbewusster und kannst dich mit all deinen Stärken und Schwächen akzeptieren. Auf diese Weise gelangst du schneller zu dem, was du erreichen möchtest. Doch du wirst nicht nur dich selbst besser kennenlernen, sondern auch das gesamte Leben.

Du wirst sehen, dass sich dein gesamtes Leben plötzlich auf eine einfache Art und Weise fügt – in purer Verbundenheit mit dir selbst und all dem, was dich umgibt. Durch das Meditieren wirst du somit:

- Eins sein mit dir selbst.
- Dir über alles bewusst sein.
- Pure Lebensfreude erfahren.

Du wirst entdecken, dass Verstand und Körper nur Instrumente sind, die von dir genutzt werden wollen. Darüber hinaus spürst du, dass alles eins ist und es keine Grenzen mehr gibt. Indem du deinen Geist komplett zur Ruhe bringst, wirst du pure Lebensfreude verspüren und kannst in allen Situationen deines Lebens diese Freude spüren. Dabei macht es keinen Unterschied, ob du dreckige Fenster putzt oder am Strand liegst und die Sonne genießt. Du wirst in jedem Moment deines Lebens eine pure Lebensfreude spüren können.

Je mehr Entspannung du in der Meditation findest, umso besser kannst du dich eins fühlen mit allem, was dich umgibt. Du wirst mehr Energie in deinem Körper spüren und auch jeglichen Widerstand oder Blockade auflösen können. Indem wir zur Ruhe kommen, können wir positiver durchs Leben gehen und auch unangenehme Situationen positiver erfahren. Darüber hinaus nimmt die Meditation einen starken Einfluss auf deine physikalischen Umstände. So lassen sich mit einer regelmäßigen Meditation verschiedene Krankheiten beeinflussen:

- Asthma
- Verdauungsprobleme
- Rückenschmerzen
- Schulterprobleme
- Migräne
- Etc.

Indem du mit dir selbst enger in Kontakt kommst, kannst du auch deine Selbstheilungskräfte stärken. Darüber hinaus bewirkt die Veränderung der Gehirnstrukturen, dass wir unsere Gefühle und Gedanken besser kontrollieren können. Du wirst nicht mehr so oft von deinen Launen getrieben, sondern kannst endlich selbst die Kontrolle über die sonst so starke Gefühlsachterbahn haben. Darüber hinaus kannst du gelassener durchs Leben gehen und deiner Kreativität freien Ausdruck verleihen.

Zusammenfassung von Kapitel 1

• Das regelmäßige Meditieren führt dazu, dass du dich ausgeglichener fühlst.

• Es stärkt dein Immunsystem und fördert deine Konzentration.

• Darüber hinaus gibt es zahlreiche weitere Vorteile (z.B. Regulierung vom Blutzucker).

• Du kannst neue Kraft tanken und zu mehr Selbstbewusstsein kommen.

• Du kannst in jedem Moment deines Lebens zufrieden sein.

Kapitel 2: Was Versteht Man Unter Meditation Und Schamanismus?

Es dürfte kaum einen Menschen geben, dem der Begriff Meditation noch nicht begegnet ist. Das ist auch kein Wunder, denn diese Art der Bewusstseinserweiterung ist fast so alt wie die Menschheit selbst. Der Ursprung liegt im Spirituellen, also in den verschiedenen Religionen. Besonders in fernöstlichen Kulturen wie Buddhismus, Daoismus und Hinduismus ist die Meditation seit Jahrtausenden ein fester Bestandteil. Selbst im Christentum finden sich Spuren davon. So versuchten bereits die Menschen im Mittelalter mit bestimmten Übungen, innere Ruhe und Ausgeglichenheit zu finden.

Doch was ganz genau hinter einer Meditation steckt, ist Vielen immer noch ein Rätsel. Dabei sagt eigentlich schon der Name selbst ganz viel über die Wirkung aus. Das Wort „Meditation" stammt nämlich aus der lateinischen Sprache und heißt übersetzt soviel wie "überlegen" oder "nachdenken". Das trifft es bereits ganz gut. Im Grunde geht es darum, sein Bewusstsein mit bestimmten Konzentrationsübungen für ganz neue Ebenen zu öffnen. Es soll den Geist in eine neue Denkrichtung lenken. Mitunter werden auch Zustände erreicht, in denen man frei von jeglichen Gedanken ist. Besonders stressgeplagte Menschen wissen um die wohltuende Wirkung. Sie finden die lang vermisste Stille, werden eins mit dem Hier und Jetzt. Genau darum geht es: Die Vergangenheit ruhen lassen und sich über die Zukunft noch keine Gedanken machen.

Es versteht sich schon fast von selbst, dass meditieren längst zu einem festen Bestandteil einiger Therapieformen geworden ist. Oft greift sie dort, wo die Schulmedizin keinen Rat mehr weiß. Die Meditation ist für Menschen empfehlenswert, welche positiver denken oder ihre Kreativität fördern möchten.

Ganz ähnlich verhält es sich mit dem Schamanismus. Hier spielt der Glaube an eine bestimmte Fähigkeit eine große Rolle. Das Wort selbst tauchte zuerst in Zentralasien auf und bedeutet übersetzt soviel wie "Jemand, der mit Feuer und Hitze arbeitet." Im übertragenen Sinne ist damit das Feuer des Herzens und die Kraft des Geistes gemeint. Im Schamanismus geht es darum, seine Gedankenwelt zu erweitern. Der Schamane selbst ist nämlich in der Lage, sich aus freiem Willen in einen anderen Bewusstseinszustand zu versetzen, um in einer für das Auge unsichtbaren Parallelwelt für seinen "Patienten" Wissen und Kraft zu erlangen.

Der Schamanismus ist sehr alt und blickt auf ein fast 40 Jahrtausende altes Wissen zurück. Dabei denkt ein Schamane ganzheitlich, er spricht sowohl Körper sowie den Geist an. Die Lehren beruhen auf der These, dass alles Leben sowie auch alles Materielle auf der Welt bestimmte Energien besitzt. Diese Energien werden nicht nur in der sichtbaren, sondern auch in der geistlichen Welt miteinander ausgetauscht. Eine Fähigkeit des Schamanen besteht also hauptsächlich darin, Kontakt mit der geistlichen Welt aufnehmen zu können. Daneben sind sie außerdem in der Lage, Begegnungen mit Menschen in eine gute Richtung zu lenken. Sie haben nämlich ein gutes Gespür dafür, wer welche Hilfe benötigt und wie man kleinere, zwischenmenschliche Katastrophen abwenden kann.

Die auch als "Geisterbeschwörer" bezeichneten Schamanen sollen einen erheblichen Einfluss auf die Mächte des Jenseits haben und diese zum Wohle der Gemeinschaft lenken können. In vielen Kulturen werden sie dazu genutzt, die Harmonie zwischen Jenseits und Diesseits zu sichern. Man sagt ihnen nach, dass sie mit dem Herzen und mit dem sogenannten "dritten Auge" sehen können. Im Schamanismus wird nicht auf der rationalen, sondern auf der seelischen Ebene gearbeitet. Um davon profitieren zu können, ist es allerdings unerlässlich, sich ganz auf diese Methode einzulassen. Man darf die Rituale und angebotenen Hilfestellungen nicht in Frage stellen, sondern muss sich ihnen hingeben.

Das trifft gleichermaßen auf Schamanismus sowie auf Meditation zu: Man muss sich öffnen und ganz bei sich sein, um von beiden Methoden profitieren zu können.

Kapitel 3: Seit Wann Gibt Es Meditation?

Die Geschichte der Meditation geht weit zurück in die prähistorische Zeit. Wann genau aber das erste Mal meditiert wurde, lässt sich nur erahnen. Stell dir vor, du befindest dich in der Jäger und Sammler Ära, und nach einem langen Tag kehrst du von der Jagd zurück und entspannst dich abends, während das Abendessen zubereitet wird. Du schaust in die Flammen des Feuers und wirst in einen so entspannten Zustand versetzt, welcher mit Trance gleichzusetzen wäre. Vielleicht kennst du dieses Erlebnis von einem Lagerfeuer, um das nach einer Weile alle ganz ruhig und zufrieden sitzen. Oder an langen Winterabenden, an denen man sich am Kerzenschein erfreut.

Es heißt auch, dass die Ursprünge der Meditation bereits vor 13.000 Jahren in Drawidien überliefert wurden. Drawidien befand sich damals im südlichen Teil

Indiens und dort soll zum ersten Mal Meditation praktiziert worden sein.

Gurus, die Kriya-Yoga gelehrt haben (eine Form von Yoga, die durch meditative Übungen begleitet wird), haben die Techniken an ihre Schüler weitergegeben, und somit wurde die Meditation bis in die heutige Zeit übermittelt. Stell dir nur vor, 13000 Jahre lang schon haben Menschen in verschiedenen Ären meditiert. Was sich so lange hält, muss für die Menschen von Vorteil sein.

Eine weitere, weit verbreitete Annahme ist, dass die Wurzel der Meditation in einem religiösen Kontext gefunden wird. Die Mehrheit der Meditationspraktiken, die uns heute bekannt ist, hat ihren Ursprung in der 3500 Jahre alten hinduistischen Lehre des Vedantismus, die religiöse und spirituelle Praktiken lehrt.

Buddha und die darauf basierende Religion des Buddhismus haben auch viel zur Meditation beigetragen. Generell haben die meisten großen Religionen der Welt Meditation in verschiedenen Formen eingesetzt und praktisch ausgeübt. Denke nur an die Gebete im Christentum und Islam, Tanz- und Kabbalapraktiken im Judentum und Gesangsgebete und Mantras in Religionen wie Hinduismus und Buddhismus. In China findet man Formen von Meditation innerhalb des Taoismus. Der Zen-Buddhismus, den wir heute aus Japan kennen, lässt sich auf die Meditationstechniken des Taoismus zurückführen.

Das Mittelalter im Westen weist ebenfalls meditative Techniken auf, die verbreitet in der Sphäre der Medizin vorkamen und meist in Kirchen und Klöstern ausgeübt wurden. Mönche und Gottesdiener behandelten mit Wiederholungsgebeten Menschen, die unter Angst- und Stresszuständen litten. Diese Gebete sind nichts anderes als Mantras, die schon seit langem ein unverzichtbarer Bestandteil der buddhistischen Lehre waren. Mantras sind Sprachrituale, in denen Sequenzen von Silben oder Worten ausgesprochen oder vorgesungen werden. Durch das Aussprechen oder Vorsingen der Mantras kann man sein Leben auf eine magische oder geistige Art und Weise beeinflussen.

Über Tausende von Jahren hat sich die Meditation zu einem unverzichtbaren Teil aller Religionen entwickelt, die wir heute kennen. Nun, sagen wir Mal 13000 Jahren später hat die moderne Medizin angefangen, meditative Techniken zu nutzen, um psychologische Krankheiten, Angstzustände, Stress und Depressionen zu heilen. Sicherlich hast du auch schon bestimmte Meditationstechniken in deinem Leben erfahren, ohne dessen bewusst zu sein und vielleicht ohne überhaupt zu wissen, was Meditation ist.

Die Meditation, die wir heute kennen, resultiert quasi aus vielen Anpassungen von den „originalen" Techniken, die Tausende von Jahren alt sind. Heutzutage hat das Meditieren neben spiritueller und gesundheitsfördernder Motivation auch persönlichkeits- und sinneserweiternde Gründe. Wenn du zum Beispiel in der Natur bist oder im Park spazieren gehst und deine Aufmerksamkeit voll und ganz auf die Geräusche um dich herum richtest, wie das Rauschen der Blätter oder Zwitschern der Vögel, und es bewusst wahrnimmst, dann übst du Meditation aus.

Bestimmt ist es dir auch schon Mal passiert, dass du gedacht hast, im Hier und Jetzt zu sein und einfach zu genießen. Vielleicht war das letztens, wo du die Liebe deines Lebens geküsst hast oder mit deinem Kind gespielt hast. Vielleicht warst Du im Urlaub am Strand und blicktest auf die Wellen. Erinnere dich, wie friedlich du dich gefühlt hast. Genau diese Zustände werden durch Meditationstechniken hervorgerufen. Das haben die Menschen in der Vergangenheit und in der Gegenwart erkannt und werden das Wissen höchstwahrscheinlich auch in der Zukunft weitergeben, denn die Vorteile, die durch eine regelmäßige Praxis resultieren, sind immens.

Kapitel 4: Meditation - Wie, Was, Und Wo

Individuen meditieren aus einer ganzen Reihe von Gründen. Einige Menschen nutzen die Meditation, um ihre Kontemplation über das Leben zu beleuchten, andere nutzen die Intervention als einen Ansatz zur Stressreduzierung und Beruhigung. Seit vielen Jahren wird Meditation angewandt, um das Gehirn zu zentrieren, den Körper zu beruhigen und die Seele zu stärken. Diejenigen, die darüber nachdenken, zu meditieren, haben einen Haufen Fragen, die sie vielleicht beantworten haben möchten, bevor den Weg der Meditation beschreiten.

Das Unglaubliche an Meditation ist, dass es keinen Unterschied macht, welcher Überzeugung man angehört, nach welchen religiösen Praktiken man sich richtet, wie alt man ist oder wie fortgeschritten der Unterricht ist. Meditation bietet jedem von uns die Gelegenheit, eine friedliche Auszeit in unserem Leben zu nehmen, um in ruhiger Atmosphäre nachzudenken. Ab und zu meditieren die Menschen für eine beträchtliche Zeit, ab und zu sind es bloß fünf Minuten, die Sie in Ihren fieberhaften Tag einbringen können. Während ein längere Meditation natürlich besser ist, um die ruhige Persönlichkeit aufzubauen, werden Sie sogar von nur wenigen Minuten Entspannung profitieren.

Tatsächlich steigt mit dem Beginnen des Meditierens auch die Wahrscheinlichkeit, dass diese für Sie auch notwendig wird.

Wenn Sie anfangen zu meditieren, ist es am besten, mit einem Instruktor zu arbeiten, da Ihnen dies helfen kann, Strategien zu entwickeln, die Ihre Psyche davon abhalten, alle Probleme Ihres Lebens anzugehen, denn die Meditation soll schließlich verhindern, dass unser Gehirn unfokussiert und unkontrolliert von einem Gedanken zum nächsten eilt. Es erfordert einen beträchtlichen Zeitraum, um herauszufinden, wie wir unsere Psyche beherrschen können, und die Arbeit mit erfahrenen Menschen hat positive Vorteile.

Für den Fall, dass Sie mit anderen zusammen meditieren, werden Sie wahrscheinlich nur an festgelegten Terminen, bei denen alle Zeit haben, meditieren können. Wenn Sie es dennoch Tag für Tag üben, ist es am vorteilhaftesten, den Morgen mit Nachdenken zu beginnen, da dies Ihnen ermöglicht, Ihren Tag auf eine ruhige Art zu beginnen, wahlweise können Sie auch meditieren, bevor Sie abends ins Bett gehen. Dies ermöglicht Ihnen, Ihre Psyche zu beruhigen, bevor Sie sich ausruhen. Ein entspannter Geist wird einfacher ruhen als ein geschäftiger. Wie dem auch sei, bedeutet nicht, dass sie nicht auch mit ihrer Familie zusammen üben können, ehe die Kinder ins Bett müssen. Das ist großartig, da es keine Altersbeschränkungen für die Meditation gibt.

Menschen meditieren an vielerlei Plätzen, wiederum ist es wünschenswert, über einen außergewöhnlichen "Ort" zu verfügen. Nicht jeder Mensch hat den Vorteil eines ungewöhnlichen Raumes mit beruhigender, glücklicher Ausstrahlung, in dem man meditieren kann. Versuchen Sie einfach, den Ort, an dem Sie meditieren, frei von Chaos und Lärm zu halten, da diese´ Probleme Sie davon abhalten können, eine feste Persönlichkeit aufzubauen. Vielleicht müssen Sie ein motivierendes Bild in dem Raum plazieren, welches Sie ermutigt Ihre Psyche an diesem Ort zu zentrieren. Eine beträchtliche Anzahl von Experten wählt zur Meditation grundlegende Öle oder Weihrauch, da bestimmte Gerüche im Allgemeinen als nützlich empfunden werden, um unsere Gedanken zu beruhigen.

Tatsächlich liegt die Atmung im Mittelpunkt der Duft-basierten Behandlung. Es gibt zahlreiche Kapitel und Bücher, die es Ihnen dabei hilft, Öle zu entdecken, die für Sie geeignet sind. Probieren Sie verschiedene dieser Düfte aus um diejenigen, die Ihnen helfen sich zu beruhigen und zu erden, zu finden.

Bemühen Sie sich, etwa zwei Stunden, bevor Sie meditieren, keine große Mahlzeit mehr zu Ihnen zu nehmen, da Ihr Körper die Nahrung während dieser Zeit verarbeiten wird und diese Verfahren Ihre Fähigkeit beeinflussen können, sich zu konzentrieren. Für den Fall, dass Sie es zu Beginn Ihrer Meditation nicht schaffen sich zu konzentrieren, fahren Sie zunächst fort, mit etwas Geduld wird die Ruhe kommen, sofern wir unserer Psyche dafür die Zeit geben.

Kapitel 5: Was Ist Die Zen Meditation?

Zen, unter anderem auch als Zazen bekannt, ist die Meditation im Sitzen. Die Zen Meditation, wie wir sie heute kennen, entstand im 6 Jahrhundert n. Chr. In China, doch im Kern geht Sie auf keinen geringeren zurück als Buddha selbst.

Zen ist die Abkürzung des japanischen Wortes „Zenna". Als Leseart des Sanskrit Wortes Dayana bedeutet es „Sammlung des Geistes" und führt in eine innere Stille, bei der alle dualistischen Unterscheidungen aufgehoben werden. Genau wie es bei Buddha war, zielt die Zen Meditation auf eine Erleuchtung des Anwenders.

Und wie bereits erwähnt, ist die Zen Meditation vielmehr eine Philosophie als eine Religion. Es geht ihr darum, den Menschen dabei zu helfen zu erkennen, dass unsere Wirklichkeit nicht zweigeteilt ist. Sie ist ein Weg, der durch die Praxis zur Selbstbeobachtung führen soll, denn sie hat erkannt, dass jeder wirkliche Weg nach innen führt.

Zur Fokussierung und Konzentration wird bei der Zen Meditation die Atmung verwendet, ohne dabei auf eine bestimmte Atemtechnik achten zu müssen. Die Zen Meditation erscheint im ersten Moment vielleicht sehr einfach, doch hinter ihr steckt mehr als nur ruhiges sitzen.

Oftmals wird versucht, den Körper vom Geist getrennt zu beobachten. Die Zen Meditation geht aber den gegenteiligen Weg. Sie beruhigt Körper und Geist, damit diese in Ruhe zur ursprünglichen Einheit zusammenfinden. So wird das vollkommene Gleichgewicht erreicht und genau darin liegt die Praxis des Zazen.

Darüber kann die Meditation zu einer tiefgründigen Erfahrung des versteckten Bewusstseins in einem selbst führen. Das wird dadurch erreicht, indem die Stile erforscht wird, die durch das Sitzen erzeugt wird. Man beobachtet sich selbst und seine Außenwelt um sich herum, und das nicht nur während dem Meditieren, sondern auch noch danach.

Kapitel 6: Welche Großartigen Vorteile Hat Das Meditieren?

Was bewirkt Meditation in deinem Körper und Geist? Deine körperliche und geistige Gesundheit sind sehr eng miteinander verbunden. Wenn du auf seelischer Ebene Probleme hast, kann sich das in deinem Körper als Krankheit ausdrücken. Andersherum können auch körperliche Krankheiten seelische Probleme auslösen.

In unserer heutigen Gesellschaft wird der Schwerpunkt auf dein analytisches Denken gesetzt, deine sozialen und psychischen Fähigkeiten bleiben unbeachtet. Deine linke Gehirnhälfte ist für das Analysieren, das logische Denken und für die Sprache zuständig. Die rechte Gehirnhälfte für deine Kreativität, deine optische Wahrnehmungsfähigkeit, deine Fantasie, deine Emotionen und für deine Gefühle.

Die Meditation fördert die Verbindung zwischen diesen beiden Gehirnhälften. Das führt zu einer Harmonisierung von Körper, Geist und Seele. Du bist somit besser dazu in der Lage, deine Gedanken und Gefühle miteinander zu verknüpfen. Dein Gehirn verändert sich stetig, dein ganzes Leben lang. Du hast es selbst in der Hand, in welche Richtung die Veränderung gehen soll. Entscheide dich für die positive, lebensbejahende Richtung.

Dein äußeres Umfeld besteht in den meisten Fällen aus einer Mischung von Lärm, Hektik und Ungeduld. Habe ich damit recht? Wahrscheinlich schon, nicht wahr? Oft fühlst du dich wie auf einem Jahrmarkt, wo dir von allen Seiten zugerufen wird und jeder dich in eine andere Richtung drängen will. Das beschlagnahmt deine Gedanken so weit, dass du kaum noch in der Lage bist, abzuschalten.

Es gibt zwei Arten von Stress, das eine ist der sogenannte Eustress. Diese Art von Stress ist von positiver Natur. Wenn du zum Beispiel in der Vorfreude auf den nächsten Urlaub bist, dich auf eine Aufgabe oder eine Situation freust. Dann motiviert dich das, du hast Spaß und es löst in dir Euphorie aus.

Der Stress, dem wir aber leider viel häufiger ausgesetzt sind, ist der negative Distress. Hierbei handelt es sich eigentlich um unseren Überlebensinstinkt. Eine Stresssituation empfinden wir als eine Gefahrensituation und unser Körper reagiert darauf mit einer höheren Herzfrequenz, einer schnelleren Atmung und einem erhöhten Blutdruck.

Heute musst du natürlich vor keinem wilden Tier mehr flüchten, aber durch die ständige Reizüberflutung und Hektik in deinem Alltag, ist dein Körper permanent im Gefahrenmodus. Dieser andauernde Stressreiz hat zur Folge, dass du langsam und meistens von dir unbemerkt, in eine Depression oder sogar in ein Burn-out rutschen kannst. Häufig kommt es auch zu Rücken- oder Muskelschmerzen. Magenprobleme können auch ein Zeichen dafür sein, dass du zu viel Stress ausgesetzt bist.

Durch bildgebende Verfahren, wie zum Beispiel der Kernspintomografie, ist es möglich geworden, die Hirnaktivität und Hirnstruktur sichtbar zu machen.

Neurowissenschaftler konnten so aufzeigen, dass du durch Meditation und auch durch Achtsamkeit dazu in der Lage bist, deine persönlichen Stressauslöser zu erkennen und sie zu beseitigen. Das ist schon erstaunlich, findest du nicht?

Den ersten Effekt, den du schon nach wenigen Stunden spüren kannst, ist das Gefühl von mehr Ausgeglichenheit und innerer Ruhe. Dein Körper reagiert mit einem verbesserten Immunsystem, niedrigerem Blutdruck und einem niedrigeren Cholesterinspiegel. Ein zu hoher Blutdruck ist übrigens die häufigste Ursache für einen Herzinfarkt. An diesen Untersuchungsergebnissen kannst du ganz klar sehen, dass dein Körper und dein Geist eine Einheit bilden.

Durch den Entspannungseffekt, der bei der Meditation eintritt, weiten sich die verengten Blutgefäße wieder und es wird weniger Cortisol (Stresshormon) ausgeschüttet. Du wirst weniger anfällig für Krankheiten, da sich deine Lebenseinstellung zum positiven verändert und so auch dein Immunsystem gestärkt wird. Selbst Migräneattacken kannst du mit dem Meditieren vorbeugen, da ein Auslöser für die heftigen Kopfschmerzen oft mit zu viel Stress im Zusammenhang steht.

Ein hoher Cholesterinspiegel hat ebenfalls eine Ursache in der zu hohen Stressbelastung und ist nicht ausschließlich auf ungesunde Fette in der Nahrung zurückzuführen. Eine gesunde Ernährung und die Reduzierung von Stress kann außerdem Herz-Kreislauf-Erkrankungen und Arteriosklerose vorbeugen.

Dein emotionales und körperliches Stressempfinden ist an das Stresshormon Cortisol gebunden. Durch Meditieren kannst du den hohen Pegel dieses Hormons senken und die Substanz des Mandelkerns (die Amygdala, Teil des limbischen Systems) in deinem Gehirn reduzieren. Das bedeutet auch, dass du weniger Ängste empfindest.

Die Amygdala steuert unter anderem auch dein emotionales Empfinden und wie du bestimmte Situationen bewertest. Sie ist bei meditierenden Menschen weniger aktiv, dafür kann im linken Frontalkortex (linke Seite deiner Stirn) eine höhere Aktivität nachgewiesen werden. Das verhilft dir zu einem heiteren Gemüt und einer positiven Lebenseinstellung.

Bei übermäßigem Stress verkleinert sich dein Hippocampus (Bereich im Gehirn, zuständig für dein Gedächtnis und deine Lernfähigkeit). Durch die verringerte Ausschüttung von Cortisol durch das Meditieren wirst du weniger anfällig für Stress und für Depressionen. Deine emotionale Stabilität nimmt deutlich zu.

Stress ist heute die häufigste Ursache für alle möglichen Krankheiten. Die Meditation ist das genaue Gegenteil einer Stressreaktion. Du übst dich darin, deinen Atem und deine Herzfrequenz zu verlangsamen. Diese Fähigkeit kannst du in deinem Alltag überall anwenden und so die belastenden Stresssituationen entschleunigen oder sogar völlig vermeiden. Das klingt gut, nicht wahr?

Mit der Meditation stärkst du deine Fähigkeit, im Alltag unmittelbar präsent zu sein. Diese verbesserte Achtsamkeit macht dich resistenter gegen emotionalen Stress, der durch das vermehrte Nachdenken über deine Vergangenheit und die ungewisse Zukunft ausgelöst wird. Du lernst, deine Gedanken aus einer gewissen Distanz zu beobachten, geduldiger zu sein und nicht gleich im Affekt unüberlegt zu handeln.

Du hast bestimmt selbst schon festgestellt, dass die Anforderungen in der heutigen Arbeitswelt enorm gestiegen sind. Du musst immer mehr Eindrücke und Informationen verarbeiten. Durch die Meditation bist du dazu in der Lage, deine Gedächtnisleistung, deine Aufmerksamkeit, Konzentrationsfähigkeit und geistige Flexibilität zu verbessern.

Im Alltags- und Berufsstress geht oft das Gefühl für den eigenen Körper verloren. Ist dir das auch schon mal passiert? Du nimmst überhaupt nicht mehr wahr, wenn etwas mit deinem Körper nicht stimmt. Da werden Krankheiten verschleppt, viele auftretende Beschwerden einfach ignoriert oder nicht wirklich ernst genommen. Stimmt's?

Durch die Meditation bekommst du automatisch ein besseres Körpergefühl. Das Wahrnehmen deiner eigenen Bedürfnisse und Empfindungen erhöht sich und damit auch dein Bauchgefühl, deine Intuition. Diese verschütteten Urinstinkte sind oft ein guter Wegweiser in deinem Leben und ich möchte dich an dieser Stelle dazu motivieren, dieses intuitive Wissen wieder freizulegen.

Ein ganz wichtiger Punkt, der für das Erlernen der Meditation spricht, ist der, dass du damit den Alterungsprozess deines Gehirns verlangsamen kannst. Deine Gedächtnisleistungen, wie zum Beispiel das logische Denken und das Verarbeiten deiner Sinneswahrnehmungen kannst du dir durch regelmäßiges Meditieren bis ins hohe Alter hinein bewahren.

Meditation hilft dir dabei, im Alltag achtsamer zu sein. Du bist in der Lage, deine Gefühle besser zu steuern. Dein Geist beschäftigt sich nicht dauernd mit ablenkenden Gedanken. Das ist meistens auch der Grund dafür, warum du unter Schlafstörungen leidest. Du kannst gedanklich nicht abschalten und bist innerlich unruhig. Durch Meditieren bekommst du das hervorragend in den Griff.

Gut und erholsam zu schlafen ist lebenswichtig. Wenn dein Regenerationssystem nicht gut funktioniert, bist du oft antriebslos und gereizt. Du hast wenig Motivation etwas zu tun, es mangelt dir an Konzentrationsfähigkeit und du fühlst dich ausgelaugt und erschöpft. Mit der Meditation wird es dir leichter fallen, abends einzuschlafen und die Qualität deines Schlafes verbessert sich deutlich.

Durch die Meditation kommt dein Körper in einen tief entspannten Zustand, in dem du deine Energiereserven wieder aufladen kannst. Hierbei werden deine Regulations- und Regenerationsprozesse angekurbelt. Eine Meditation kann man auch als einen Schnelllademechanismus für deinen Körper und deinen Geist bezeichnen.

Dein Selbstbewusstsein profitiert ebenfalls sehr stark, wenn du damit beginnst regelmäßig zu meditieren. Leidest du unter einem geringen Selbstwertgefühl, suchst du deine Identität meistens im Außen. Konsumierst du viel und hast du das Gefühl, jeden neuen Trend mitmachen zu müssen? Mithilfe der Meditation gelingt es dir sehr rasch, deine negativen Glaubensmuster aufzulösen, die dein geringes Selbstwertgefühl verursachen und mehr im Augenblick zu leben. Du wirst merken, dass deine Vergangenheit, deine Zukunft und die äußeren Umstände nichts mit deinem Gefühlszustand zu tun haben. Denn du beziehst dein Selbstwertgefühl dann aus deinem inneren und bist auch ohne äußere Dinge glücklich.

Deine Lebensqualität kannst du erheblich steigern, wenn du regelmäßig meditierst. Du erreichst dadurch mehr Ausgeglichenheit und Harmonie. Wenn du dein inneres System beruhigst, kann es sich wieder ordnen. Dazu brauchst du nur ein paar Minuten Stille am Tag. Mach abends nicht den Fernseher an, sondern schaue dir lieber deine eigenen Geschichten in deinem inneren an.

Ein weiterer positiver Effekt, den du durch die Meditation erreichen kannst, ist die Reduzierung deines Schmerzempfindens. Die Areale in deinem Gehirn, die für die Empfindung von Schmerzen zuständig sind, werden stark heruntergefahren und so kann die Schmerzintensität um bis zu vierzig Prozent nachlassen. Im Vergleich dazu konnte bei der Gabe von Morphium nur eine Reduktion von fünfundzwanzig Prozent erreicht werden.

Dein Körper verfügt über starke Selbstheilungskräfte. Leider suchen die meisten Menschen die Lösungen ihrer seelischen und körperlichen Beschwerden ausschließlich im Außen. In den meisten Fällen ist dies aber nur eine Symptombehandlung, bei der die eigentliche Ursache, also der Kern des Problems, außer Acht gelassen wird. In der Meditation lernst du, dir deine innere Welt anzuschauen und kannst so die Wurzel deines Problems erkennen.

Ohne die Ablenkung durch deinen Verstand, bist du in der Lage, viel mehr Lösungsmöglichkeiten für jede Art von Problemen wahrzunehmen. Deine Kreativität wird so gestärkt und kann sich in alle Richtungen ausdehnen. Du wirst Lösungswege erkennen, an die du vorher niemals gedacht hättest und die dein Leben viel einfacher machen.

Durch das Meditieren wirst du dir deiner Selbst bewusst. Du kannst entspannen und loslassen, das ist ein großer Vorteil in unserer hektischen und lauten Welt. Nehme dir die Zeiten der Stille ganz bewusst auch zwischen allen deinen Aktivitäten. Die vielen positiven Effekte sollten dir zehn Minuten am Tag wert sein. Welche Meditationshilfen und Übungspositionen es gibt, erfährst du im nächsten Kapitel.

Kapitel 7: Konstantes Handeln

Ich hoffe, ich konnte Euch einen kleinen Einblick in die Techniken und die Ziele der Meditation liefern. Wie bereits angesprochen, habe ich nur ein paar Techniken herausgesucht, da es mittlerweile so viele Abwandlungen gibt, die ich gar nicht alle beschreiben kann. Im Grunde genommen soll aber immer ein bestimmtes Ziel erreicht werden. Dieses Ziel muss jeder im Voraus selber festlegen und davon abhängig die passende Technik finden. Nur dann stellt sich der Gewinn der Meditation ein, den man sich selber erhofft.

Nun ist es aber so, dass man nicht schon nach der ersten Sitzung den Erfolg spüren wird, den man gerne hätte. Dies trifft sowohl auf den sofortigen Erfolg als auch auf den langfristigen Erfolg zu. Die Technik muss erst einmal erlernt werden und erst dann, wenn man diese beherrscht, wird sich während der Meditation der Erfolg einstellen, den man haben möchten. Beispiel: Wer einen stressigen Beruf hat und daher das Meditieren ausübt, um allabendlich von diesem Stress wegzukommen, der wird sich nicht nach der ersten Sitzung entspannt fühlen. Natürlich benötigt er hierzu ein paar Sitzungen, bis er die Technik beherrscht, und zwar aus dem FF, wie beim Autofahren. Erst wenn man beim Meditieren nicht mehr daran denken muss, wie die Technik geht, kann man sich auf den eigentlichen Ablauf und Sinn der Meditation konzentrieren.

Langfristig denken

Gleiches gilt für die Ziele, die man sich selber für die Zukunft stellt. Wie Ihr bereits wisst, kann man mit der Meditation sein Gedächtnis und seine Konzentration steigern. Des Weiteren ist man dann immer in der Lage, mit jeder Stresssituation besser umzugehen. Das bedeutet, dass man entweder in einer stressigen Situation kurz meditiert oder von Grund auf eine andere Einstellung zum Stress besitzt. Auch dann lässt sich jede stressige Situation besser verkraften.

Jetzt stellt sich nur die Frage, wie man sein Ziel erreicht. Dies möchte ich Euch natürlich auch verraten:

• langsames Beginnen und dann steigern
• wenn möglich, tägliches Ausüben, zumindest aber regelmäßig

Beim Meditieren gilt der Grundsatz: Übung macht den Meister. Nun soll man aber besonders am Anfang nicht übertreiben, denn das Meditieren ist anstrengend. Und wer dies am Anfang übertreibt, der wird sehr schnell die Lust daran verlieren. Warum? Nun, einerseits hat er sich damit überanstrengt und zweitens wird er frustriert sein, weil sich der erhoffte Erfolg nicht eingestellt hat. Um all dies zu umgehen, sollte man langsam beginnen. Am Anfang reichen ein paar Minuten – fünf oder zehn – völlig aus, um sich überhaupt erst mit der Technik vertraut zu machen. Besonders wichtig ist es, dass man erst die Vorübung lernt. Diese Schritte habe ich im zweiten Kapitel beschrieben. Erst dann, wenn diese Vorübungen sitzen, sollte man mit der eigentlichen Meditation beginnen. Sobald man merkt, dass man diese Technik beherrscht, darf die Zeit gesteigert werden.

Das regelmäßige Ausführen der Meditation hängt zum Einem mit dem Üben zusammen. Wer sich nur einmal die Woche Zeit nimmt, wird keinen Lernerfolg nachweisen können. Er fängt dann immer wieder von vorne an. Daher gilt besonders am Anfang: Täglich üben, damit sich möglichst schnell ein Erfolg einstellen kann. Das regelmäßige Meditieren hat natürlich noch einen weiteren Sinn: Wer den Erfolg oder Sinn der Meditation auf seine Zukunft legt, der erreicht seine Ziele nur dann, wenn er täglich meditiert. Wie die verschiedenen Studien beweisen, konnten die Umwandlungen im Gehirn nur erreicht werden, wenn die Probanden täglich meditierten. Die gute Nachricht lautet: Bereits nach vier Wochen waren positive Veränderungen erkennbar, auch in den Momenten, in denen gerade nicht meditiert wurde.

Mein Rat an alle: Immer regelmäßig üben, wenn möglich jeden Tag. Besonders Anfänger sollten mit kurzen Einheiten beginnen und diese langsam steigern. Und irgendwann läuft das Meditieren ganz automatisch ab: Im Supermarkt, beim Spazierengehen, in der Badewanne usw.

Anfängliche Schwierigkeiten akzeptieren

Einen weiteren Tipp beziehungsweise eine Information möchte ich Euch nicht vorenthalten: Es kann sein, dass Ihr während und nach der ersten Sitzung frustriert seid oder Euch überfordert fühlt. Das liegt daran, dass man beim Meditieren absichtlich an nichts denken soll. Die Gedanken lassen sich jedoch nicht auf Knopfdruck abschalten und werden nach

Lust und Laune auftauchen. Hierunter befinden sich natürlich auch unangenehme Gedanken, die man tagsüber nicht bemerkt. Wer viel arbeitet oder sich auf andere Weise ablenkt, denkt absichtlich über diese Dinge nicht nach. Beim Meditieren jedoch können diese Gedanken auftauchen und Euch vielleicht in eine negative Stimmung bringen.

Aber tut Euch selbst den Gefallen und hört deshalb nicht mit dem Meditieren auf. Denn mit der Zeit schafft Ihr es, diese Gedanken beiseite zu schieben. Oder aber Ihr nehmt diese Gedanken bewusst an, um darüber nachzudenken. All dies funktioniert jedoch nur, wenn Ihr das Meditieren regelmäßig ausübt. Daher nochmal mein eindringlicher Rat: Brecht das Meditieren nicht ab, wenn Ihr damit ein negatives Gefühl erhält oder nicht den gewünschten Erfolg spürt. Der Erfolg stellt sich erst nach einer bestimmten Zeit, die von der jeweiligen Person abhängt. Eine allgemeine Antwort, wann dies geschieht, gibt es nicht.

Ich selbst konnte es anfangs nicht glauben und wollte auch gar nicht so viel Zeit aufbringen. Schon gar nicht wollte ich täglich meditieren. Aber es dauerte nicht lange, bis auch ich verstand, dass nur das regelmäßige Meditieren einen Erfolg bringt. Erstens lernt man so das Meditieren, falls man Anfänger ist und zweitens bleibt man so einfach in der Übung. Jede einzelne Sitzung wird künftig perfekter ausgeführt und wartet mit einem höheren Erfolg auf. Zudem fanden auch die Wissenschaftler heraus, dass sich Veränderungen am Gehirn nur beim regelmäßigen Meditieren einstellen.

Kapitel 8: 5 Fehler, Die Deinen Erfolg Beim Meditieren Verhindern

Nun kommen wir zu den Fehlern, die meiner persönlichen Erfahrung nach die größten Hindernisse in der Meditation ausmachen. Ich habe diese Fehler alle bereits mehrfach in den Jahren meiner Meditationspraxis erlebt und kann daher sagen, dass zumindest einige von ihnen mit Sicherheit auch bei Dir auftauchen werden. Die Frage ist daher nicht „ob", sondern „wann".

Damit Du jedoch besser vorbereitet in diese Situationen gehst als ich damals und Deine regelmäßige Übung somit nicht gefährdet wird oder Du gar frustriert aufhörst, stelle ich sie Dir nun allesamt vor und sage Dir gleichzeitig auch, wie Du sie am besten überwindest.

Fehler Nr. 1: Die falschen Erwartungen

Innerhalb einer Woche zum neuen Buddha werden? Dies vermitteln Dir zumindest die neuesten und tollsten Apps, Programme und Bücher zum Thema Meditation. Warum? Ganz einfach: Es verkauft sich gut.

Und, ob Du es willst oder nicht, mit hoher Wahrscheinlichkeit wirst auch Du diese Versprechen tief in Deinem Unterbewusstsein verankert haben. Dies äußert sich darin, dass Du hektisch, genervt und gestresst bist, wenn Du feststellst, dass sich die Resultate nicht so schnell einstellen, wie Du eigentlich gedacht hast.

Ich habe Dir ja bereits zu Anfang gesagt, dass Du relativ schnell positive Wirkungen des Meditierens feststellen wirst. Und dazu stehe ich natürlich auch weiterhin. Die Frage ist allerdings, was genau Du erwartest.

In meiner langjährigen Tätigkeit als Coach ist es dabei schon häufig vorgekommen, dass Teilnehmer die wildesten Erwartungen hatten, wie beispielsweise innerhalb von 2 Wochen täglich 10 Minuten Meditieren ihren gesamten Stress loszuwerden, ein riesiges Selbstwertgefühl zu erreichen oder deutlich resistenter gegenüber anderen Personen zu sein. Welch fataler Trugschluss... Denn dieses Verhalten führt fast immer dazu, dass die betroffenen Personen frustriert die Flinte ins Korn werfen.

Du wirst innerhalb der ersten erfolgreichen Sessions spüren, dass Du deutlich gelassener, ruhiger und besser gelaunt sein wirst. Das bedeutet jedoch in keinem Fall, dass sich diese 10 Minuten der Übung in so kurzer Zeit auf Dein gesamtes Wohlbefinden positiv auswirken. Und das ist auch vollkommen normal und in Ordnung so. Denn, um ehrlich zu sein, findet ein Wandel auf tiefer Persönlichkeitsebene niemals in wenigen Tagen statt. Es kann dafür lediglich ein Impuls gesetzt werden. Und genau dies übernimmt die Meditation für Dich.

Um Eines klarzustellen: All diese positiven Faktoren sind durch Meditation erreichbar. Und nach einiger Zeit wirst Du diese auch ganz sicher am eigenen Leibe zu spüren bekommen. Allerdings hängt dies von nur einem einzigen Faktor ab: Deiner persönlichen Widmung der Meditation gegenüber. Auf gut Deutsch gesagt: Wie sehr möchtest Du diese Resultate am eigenen Leib spüren? Und wie sehr willst Du die Meditation hierzu als Mittel einsetzen?

Du brauchst hierzu lediglich etwas Geduld und Beharrlichkeit. Doch genau dies ist es auch, was Du sowieso durch die Meditation lernst - eine Win-Win-Situation also!

Doch wie erreichst Du es nun, dass Du nicht frustriert wirst beim Training? Ganz einfach: Du musst Deinen Erfolgsmaßstab ändern. Denn, wenn dies Dein Problem sein sollte, lautet Dein Maßstab mit hoher Wahrscheinlichkeit: „Ich bin erst erfolgreich im Meditieren, wenn ich ein hohes Selbstwertgefühl erreicht habe."

Das Problem? Dieser Maßstab liegt außerhalb Deiner Kontrolle. Denn Anlügen kannst Du Dich zwar, allerdings wirst Du spüren, wann es tatsächlich so weit bei Dir ist!

Deshalb: Ändere Deinen Maßstab. Dieser könnte zum Beispiel lauten: „Ich bin erfolgreich, wenn ich jeden Tag 10 Minuten meditiere und mich vollkommen auf den gegenwärtigen Moment einlasse." So wird sich nämlich automatisch ein positives Gefühl einstellen, wenn Du Deine tägliche Übung durchführst!

Darüber hinaus gibt es eine ganz einfache Gleichung: Mehr Training führt zu mehr Resultaten!

Fehler Nr. 2: „Ist das eigentlich richtig, was ich da mache?"

Ein Fehler, den Du mit ziemlicher Sicherheit beim Meditieren spüren wirst: Die schier endlos an Dir nagende Frage, ob Du es richtig machst, die Dich in einen regelrechten Gedankenstrudel reißt. Und der wiederum absolut kontraproduktiv fürs Meditieren ist, da er Dich aus dem gegenwärtigen Moment herausholt.

Oder auch ein weiterer Klassiker: Die Realisierung, DASS Du es richtig machst und das damit verbundene Abschweifen.

Wichtig ist in diesem Zusammenhang nur Folgendes: Vertraue auf den Weg. Das, was Du machst, während Du meditierst, wird mit sehr hoher Wahrscheinlichkeit genau richtig sein.

Wir Menschen haben glücklicherweise eine Art inneren Kompass, der uns genau sagt, ob wir da gerade etwas Richtiges tun oder ob wir nur unsere Zeit verschwenden. Will heißen: Du wirst genau merken, dass Du während der Übung in den luziden (klaren) Zustand eintrittst und gerade sehr präsent bist, während Du beim Abschweifen und Verlieren in Gedanken das genau gegenteilige Gefühl erfahren wirst.

Dementsprechend wirst Du mit anhaltender Übung immer mehr und immer schneller in den meditativen Zustand eintreten. Halte Dich dazu einfach an die oben genannte Abfolge und achte darauf, störende Gedanken einfach weiterziehen zu lassen, ohne Dich mit ihnen zu identifizieren.

Behandle diesen Gedanken ganz einfach wie jeden anderen Gedanken, der während des Meditierens auftritt und Du wirst ihn schon bald erfolgreich überwunden haben.

Fehler Nr. 3: Die falsche Verfassung

Hast Du schon einmal probiert, Dich ganz auf eine wichtige Aufgabe einzulassen, während Du körperlich in der falschen Verfassung warst?

Beispielsweise eine wichtige Hausaufgabe in der Schule oder im Studium, bei der Du Dich voll konzentrieren musstest. Was jedoch im Endeffekt daran gescheitert ist, dass Du ein dolles Magengrummeln verspürt hast oder Dich körperlich schlaff und ausgelaugt gefühlt hast, bzw. vielleicht sogar Schmerzen hattest?

Sei Dir sicher: All diese „Mängel", werden sich beim Meditieren erst recht offenbaren. Deshalb ist es absolut entscheidend, dass Du ihnen von Anfang an gezielt vorbeugst.

Iss vor dem Meditieren eine Kleinigkeit. Am besten etwas Leichtes mit einem erhöhten Proteingehalt und einem niedrigen Kohlenhydratanteil, zum Beispiel einen Salat, ein Stück Geflügel oder einige Nüsse.

Achte darauf, moderate Sporteinheiten in Deinen Alltag einzubauen. Keine Sorge, ich erzähle Dir jetzt nicht, dass Du jeden Tag 2 Stunden ins Fitnessstudio rennen solltest.

Allerdings solltest Du dafür sorgen, dass Du eine gewisse „Grund-Fitness" hast, die Dir ein gutes Körpergefühl gibt und so Deinem Geist besser dazu verhilft, im gegenwärtigen Moment zu verweilen.

Hierzu reicht es aus, wenn Du jeden Morgen nach dem Aufstehen eine Kombination aus 20 Liegestütze (zur Not auf den Knien), einigen Kniebeugen (bei denen Dein Po fast den Boden berührt) sowie 20 Sit-Ups durchführst. Dies wird Dir bereits nach kurzer Zeit ein gutes Körpergefühl zurückgeben.

Womöglich hast Du jedoch auch Haltungsprobleme und Dir schmerzt das Sitzen ohne Unterstützung im Rücken beim Meditieren? So war es lange Zeit bei mir.

Dann rate ich Dir dazu, einen Physiotherapeuten in Deiner Umgebung aufzusuchen und ihm von Deinem Leid zu schildern. Wenn Du dort regelmäßige Termine vereinbarst, wirst Du mit hoher

Wahrscheinlichkeit nach kurzer Zeit diese Schmerzen verlieren und wieder uneingeschränkt lange Zeit meditieren können.

Fehler Nr. 4: Bist Du süchtig?

Süchtig nach digitalen Medien? Mal ehrlich, wie häufig guckst Du am Tag auf Dein Smartphone? Wenn es Dir wie dem Durchschnittsdeutschen geht, sicherlich mehrere hundert Mal am Tag. Ja, Du hast Dich gerade nicht verlesen.

Keine Sorge, ich werde jetzt sicherlich keine Hasstiraden auf digitale Medien oder sonstiges loslassen. Denn dazu halte ich sie selbst für viel zu wertvoll. Allerdings haben diese Medien ein großes Problem. Sie führen nämlich dazu, dass wir nach und nach den Bezug zur Realität verlieren, den gegenwärtigen Moment nicht mehr wahrnehmen und in Gedanken stets woanders sind.

Kein Wunder! Schließlich schüttet Dein Körper jedes Mal, wenn Du einen Blick auf Dein Handy wirfst, eine beachtliche Menge Dopamin aus. So viel, dass es Dich süchtig danach macht, möglichst häufig einen Blick auf den schwarzen Bildschirm zu werfen.

Wenn Du dementsprechend wieder den Bezug zur Gegenwart gewinnen möchtest, musst Du, wenn Du zu den „durchschnittlichen" Handy-Nutzern zählst, eine Veränderung vornehmen.

Zunächst rate ich Dir dazu, die Benachrichtigungen für Nachrichten auszumachen. Diese halten Dich nämlich in einem konstanten Aufmerksamkeitsfluss in Richtung Deines Smartphones. „Wer schreibt denn da?" Zack, und schon ist die Aufmerksamkeit ganz woanders.

Darüber hinaus, solltest Du für die Zeit, in der Du Deiner normalen Arbeit nachgehst oder Dich entspannst (beispielsweise ab

19 Uhr abends), Deinen Smartphone-Konsum auf Pausen begrenzen oder ihn am besten ganz einstellen.

Das Gefühl, welches Du beim Lesen dieser Worte höchstwahrscheinlich verspürst, ist ein Widerwillen, aufgrund der sogenannten „Fomo"- Fear of Missing Out, zu Deutsch: Die Angst, etwas zu verpassen. Diese ist völlig natürlich. Allerdings kann ich Dir eines versichern: Je mehr Du Dich darauf einlässt, zu bestimmten Tageszeiten nicht erreichbar zu sein, desto mehr stellt sich auch Dein Umfeld darauf ein und akzeptiert es.

Allerdings ist dies gar nicht mal so leicht. Meiner Erfahrung nach ist es am sinnvollsten, Dir statt fester Arbeitszeiten feste Pausenzeiten einzuplanen, in denen Du gerade gewollt auf Dein Handy schaust und Dich ablenkst. Dies ermöglicht es, Deinen „Widerstandsmuskel" in der restlichen Zeit, in der Du Dich darauf fokussierst, nicht auf Dein Handy zu blicken, erheblich zu stärken.

Ich empfehle Dir diesbezüglich Phasen von 2 Stunden ohne Unterbrechung. Schalte Dein Handy in dieser Zeit aus und lege es möglichst in ein anderes Zimmer.

Falls Dir das immer noch nicht helfen sollte: Führe mit einem guten Freund oder einer guten Freundin ein Bestrafungssystem ein, welches Dir für Blicke auf´s Handy außerhalb der Reihe bestraft - die Strafe könnt ihr dabei selbst festlegen, entscheidend ist nur, dass es Dir wirklich wehtut.

Du wirst schnell feststellen, dass sich Deine Meditationsfähigkeit und vor allem Deine Konzentration durch diese simple Gewohnheitsänderung um ein Vielfaches steigert.

Fehler Nr. 5: Konstante Arbeit führt zu konstantem Erfolg

Zuletzt möchte ich noch kurz auf den wohl größten Fehler beim Meditieren zu sprechen kommen. Sei an dieser Stelle bitte einmal ehrlich: Wie oft hast Du schon eine neue Gewohnheit oder Sache angefangen, die Du bereits nach kurzer Zeit wieder hast fallen lassen?

Beispielsweise einen guten Neujahrsvorsatz oder eine Gewohnheit wie Sport, weil Du gemerkt hast, dass es höchste Eisenbahn war?

Es ist ganz natürlich für uns Menschen, dass wir Dinge anfangen, diese für eine gewisse Zeit konsequent durchhalten und anschließend nach einiger Zeit dann doch abbrechen.

Zwar habe ich Dir schon zu Beginn des Buchs geraten, dass Du die für Dich richtige Motivation finden musst. Allerdings würde ich gerne noch einmal etwas genauer auf diesen Punkt eingehen. Denn ohne ihn ist all Deine Arbeit und Deine Mühe für die Katz.

Lass es mich deshalb noch einmal betonen: Lasse Meditation auf keinen Fall eine solche Gewohnheit werden, sondern profitiere dauerhaft von ihr, indem Du sie auch dauerhaft durchführst. Hörst Du auf, hören auch die positiven Effekte auf - so einfach ist es!

Wichtig ist dabei, dass Du Dich über unmotivierte Phasen erfolgreich hinwegsetzt. Wie Dir das gelingt? Ganz einfach, Du musst lediglich das normale Schema befolgen: Motivation —> Handlung umdrehen: Handlung —> Motivation.

Was das im Klartext bedeutet? Die meisten Menschen warten stets auf eine Art Motivationsschub oder -spritze, die sie wie aus dem Nichts heraus total motiviert. Das Problem? Dies tritt fast nie ein! Deshalb ist es wichtig, mit der Handlung zu beginnen und daraus eine Motivation zu generieren.

Setze Dir also auch an Tagen, an denen Du komplett unmotiviert bist, das einfache Ziel lediglich für 30 Sekunden zu meditieren - das schaffst Du immer! Denn das Hindernis ist so lächerlich gering, dass Du es auf jeden Fall überwindest. Und sobald Du für 30 Sekunden meditierst, meditierst Du auch für eine Minute. Und dann für 3 Minuten. Und schon hast Du Deine zehn bis zwanzig Minuten Training geschafft!

Wichtig ist also lediglich: Am Ball bleiben und die erste Hürde nehmen!

Kapitel 9: Fokus

EINFACHE MANTRA-MEDITATION FÜR ANFÄNGER
Dauer: 15 Minuten

Das Mantra kann das bekannte Om oder Ram sein, oder ganz einfach ein Wort, das dir beliebt, wie zum Beispiel Liebe, Licht, Frieden, oder Stille. Das Mantra wird dir dabei helfen, dich gezielter auf deine Atmung zu konzentrieren und deinen Geist zu sammeln.

Phase 1
Setze dich nun wieder möglichst aufrecht und bequem an deinem ungestörten Meditationsort hin und schließe deine Augen.

Phase 2 (5 Minuten)
Du beginnst ganz normal und entspannt zu atmen, ohne deinen Atem beeinflussen oder steuern zu wollen. Du atmest tief ein, spürst dabei den Weg der Luft durch deinen Körper und hältst sie einige Sekunden in deiner Lunge. Dann atmest du

genauso bewusst und langsam wieder aus, während du spürst, wie die Luft durch deinen Körper wandert und ihn wieder verlässt. Du wirst ruhig und gelassen, ohne Dinge kontrollieren zu wollen.

Phase 3 (5 Minuten)
Nachdem du eine Weile gleichmäßig und bewusst geatmet hast, folgt die nächste Stufe. Du verbindest dein Mantra oder Wort mit deinem Atem. Hierfür wiederholst du dasselbe Mantra beim Einatmen und beim Ausatmen. Merkst du, dass deine Gedanken die Oberhand gewinnen, versuche, zu deiner Atmung zurückzukehren und dich ausschließlich auf das tiefe Ein- und Ausatmen zu konzentrieren. Wenn du bereit bist, füge wieder dein Mantra ein und versuche so einige Minuten zu atmen, ohne an etwas zu denken.

Phase 4 (5 Minuten)
Zum Ende der Meditation vertiefe noch einmal deinen Atem und spüre diesen bewusst. Nimm dir für die letzten

Atmenzüge mit Mantra etwas mehr Zeit als zuvor und dehne dein Mantra bei diesen noch ein wenig mehr. Bei den nächsten Atemzügen lässt du nun das Mantra aus und atmest einfach tief und ruhig weiter. Nach einigen tiefen Atemzügen ohne Mantra, komm langsam zurück in die Welt. Öffne zuletzt deine Augen.

Frage dich nun:

• Habe ich Schmerzen? Wenn ja, wo? Sollte ich an meiner Haltung arbeiten? War mein Sitz bequem?

• War mein Mantra gut gewählt oder vielleicht zu kompliziert? Hat es mir geholfen, meine Gedanken während der Meditation zu vergessen oder mich eher abgelenkt?

• Was kann ich beim nächsten Mal besser machen?

KOMBINIERTE MANTRA-MEDITATION FÜR FORTGESCHRITTENE
Dauer: 20 Minuten

Suche dir ein Mantra wie Om, Ram, Om oder Namah Shivaya, oder ein Wort wie Liebe, Licht, Frieden, oder Stille.

Phase 1 (5 Minuten)
Setze dich bequem hin und schließe die Augen. Konzentriere dich dabei auf den Punkt zwischen deinen Augenbrauen oder auf deine Herzgegend. Atme nun etwa zehnmal tief in deinen Bauch ein und aus. Spüre dein Sonnengeflecht, das heißt dein Energiezentrum mittig unterhalb deiner Brust. Nimm dir 3-4 Sekunden lang zum Ein- und Ausatmen. Fahre deinen Körper herunter bis du vollkommen im jetzigen Moment ruhst, ohne dich von Gedanken oder deiner Umgebung ablenken zu lassen.

Phase 2 (10 Minuten)
Synchronisiere nun das von dir ausgewählte Mantra mit deinem Atem. Atme das Mantra tief ein, halte deinen Atem einige Sekunden in deinem Körper und atme das Mantra dann lang gedehnt wieder aus. Das machst du etwa fünf

Minuten lang. Im nächsten Schritt vertiefst du die Meditation um noch einen Schritt. Du reduzierst deine Atmung: Atme 3-4 Sekunden lang ein, hältst die Luft etwa 4 Sekunden und atmest dann gleich lang wieder aus. Versuche dabei, so wenig Luft wie möglich ein- und auszuatmen. Stelle dir vor, wie dein Atem durch deinen Körper, besonders aber durch deinen Konzentrationspunkt fließt. Dein Mantra begleitet dabei unentwegt deinen Atem.

Phase 3 (5 Minuten)

In den letzten fünf Minuten lässt du bei deinen Atemzügen das Mantra aus und atmest einfach tief und ruhig weiter. Nach einigen tiefen Atemzügen ohne Mantra, steigere deine Atmung. Dein Körper bleibt ruhig und entspannt. Komm dann langsam zurück in die Welt und öffne deine Augen.

Kapitel 10: Das Abc Des Meditierens

Bei der Meditation handelt es sich um eine Kunst, die gelernt sein will, denn es geht dabei um weit mehr, als sich nur hinzusetzen, die Augen zu schließen und "Om" zu murmeln. Wer tatsächliche Effekte erzielen möchte, muss sich also zwangsläufig damit auseinandersetzen, wie die Meditation funktioniert und was dabei zu beachten ist.

Die Grundlagen

Buddha fasst den Kern aller Meditationen folgendermaßen zusammen: "Liebe dich selbst und beobachte - heute, morgen, immer". Während verschiedene Techniken sich unterschiedlicher Mittel bedienen und teils verschiedene Zwecke verfolgen, liegen der Meditation stets drei Aspekte zu Grunde. Zum einen die Entspannung, die einen ganz zentralen Punkt darstellt und ohne die, hinsichtlich der Meditation, einfach gar nichts geht. Zum anderen das

Beobachten, sei es der Umwelt, der eigenen Gedanken und Gefühle, des Körpers oder eines bestimmten Gegenstandes. Dazu kommt, an dritter Stelle, das "Nicht-werten". Dinge werden wahrgenommen und betrachtet, aber nicht bewertet. Vor allem dieser dritte Punkt benötigt viel Übung, da wir, als Menschen, dazu neigen, immer und überall, bewusst oder unbewusst, Wertungen, entstanden aus gemachten Erfahrungen, einzubeziehen. Allerdings birgt nur eine wertungsfreie Beobachtung die Chance, klar zu sehen und tiefergreifende Mechanismen zu begreifen. In der Ausübung wird grundsätzlich zwischen zwei Gruppen unterschieden: der Ruhemeditation, die meist im Sitzen oder Liegen im Ruhezustand ausgeführt wird, und der aktiven Meditation, in die Bewegungsabläufe, beispielsweise aus dem Yoga, einfließen. Beide Arten nutzen die Atmung, um gezielt Entspannungszustände einzuleiten. Zu Beginn einer Meditation kommt der

Meditierende so in der Regel zunächst im Hier und Jetzt und anschließend bei sich selbst an. Er wird sich selbst und seiner Umwelt bewusst und gelangt so zum Zustand des "allumfassenden Gewahrseins" - er ist sich also über das Außen und das Innen im klaren und kann die Aufmerksamkeit vom einen zum anderen schweifen lassen. Es folgt die Entspannung. An dieser Stelle wird häufig mit Bildern gearbeitet, die diese Entspannung nochmals verdeutlichen und vertiefen. So kann sich der Meditierende beispielsweise vorstellen, schwerelos auf Wasser zu treiben oder in warmem Sand zu versinken. Im letzten Schritt erst beginnt die eigentliche Meditation. Je nach Art und Zielsetzung konzentriert sich der Meditierende nun beispielsweise auf ein Mantra, auf seinen Atem, auf die Wärme im Herzen oder ein Objekt. Zum Schluss wird das Bewusstsein nach außen an die Oberfläche zurückgeleitet und die Einheit beendet. Die einzelnen Schritte können je nach Methode abgeändert, verkürzt oder verlängert auftreten.

Außerdem können Schritte ausgelassen oder hinzugefügt werden. Der genaue Ablauf orientiert sich stets am Meditierenden und dessen gewählter Methode.

Häufig gestellte Fragen

Im Folgenden findest du Antworten auf Fragen, die oftmals zum Thema Meditation gestellt werden.

Wie viele verschiedene Meditationstechniken gibt es?
Unzählige. Neben den gängigen Methoden, wie der Zen-Meditation oder der Metta-Meditation, gibt es zahlreiche Abwandlungen und Verbindungen unterschiedlichster Meditationstechniken, sodass nicht gesagt werden kann, wie viele Arten weltweit praktiziert werden. Die Vielzahl an verschiedenen Methoden führt dazu, dass beinahe für jeden eine gut passende Meditationsweise gefunden werden kann.

Kann jeder Mensch meditieren?

Absolut jeder Mensch, der dies möchte, kann mit dem Meditieren beginnen. Dabei spielt weder das Alter, noch der Gesundheitszustand, die Religionsangehörigkeit oder der Glaube eine Rolle. Das Meditieren ist eine Praxis, die prinzipiell immer, überall und von jedem ausgeführt werden kann.

Muss ich einen Experten aufsuchen, um das Meditieren zu lernen?

Das muss nicht zwangsläufig sein. Generell kannst du das Meditieren auch Zuhause erlernen, sofern du passendes Begleitmaterial besitzt. So findest du in diesem Buch beispielsweise eine Anleitung für die wohl effektivste Meditationstechnik nach dem aktuellen Stand der Wissenschaft und erfährst, wie du die Grundlagen dieser Meditation in drei Tagen erlernen kannst. Online, sowie in Fachgeschäften und im gut sortierten Buchhandel, findest du Bücher, CDs und DVDs, die dir den Einstieg erleichtern, dich an die Hand nehmen und dir helfen, die ersten Schritte zu machen. Dennoch kann es sinnvoll sein, sich die Meditation von einer erfahrenen Person näher bringen zu lassen. Informiere dich beispielsweise darüber, ob in deiner Region Meditationskurse angeboten werden.

Wie lange dauert es, bis ich erste Erfolge verzeichnen kann?
Das kann pauschal nicht gesagt werden. Jeder Mensch ist anders und dementsprechend dauert es unterschiedlich lange, bis der Einzelne Zugang zur Meditation findet und Fortschritte erkennen kann. Du solltest es unbedingt vermeiden, dir zeitlichen Druck zu machen oder dir gar ein Limit zu setzen. Akzeptiere, dass es seine Zeit dauern wird, bis du mit der Meditation vertraut bist und ihre Effekte nutzen kannst und durchlaufe diesen spannenden Lernprozess ohne Eile, in deinem eigenen Tempo.

Hat das Meditieren auch Nachteile?
Direkte Nachteile oder gar Nebenwirkungen der Meditation sind

nicht bekannt. Die einzige Gefahr besteht darin, deren Grenzen nicht zu erkennen. Die Meditation kann viele Vorteile mit sich bringen, doch sie kann keine Wunder wirken. Meditation wird dann zur Gefahr, wenn der Meditierende versucht, sie für Zwecke zu nutzen, die sie schlichtweg nicht erfüllen kann, wenn er also beispielsweise auf eine ärztliche Behandlung verzichtet, um seinen Krebs mittels Meditation zu heilen.

Kapitel 11: Vorteile Der Meditation

Wenn Sie den Nutzen der Meditation erforschen würden, würden Sie buchstäblich Tausende von Ergebnissen sehen. Die Vorteile scheinen unendlich zu sein, was ein gutes Zeichen ist, oder? Das bedeutet, dass die Zeit, die es braucht, um jeden Tag aufmerksam zu meditieren, nichts ist, verglichen mit all den großen Dingen, die es für deinen Geist und Körper tun wird. In diesem Kapitel werden wir die wichtigsten Gründe behandeln, warum Meditation von Vorteil ist. Wenn du noch nicht überzeugt bist, wirst du es sein, wenn du mit diesem Kapitel fertig bist.

Buddhisten verwenden dies nicht nur seit Jahrhunderten, sondern es gibt auch eine Vielzahl von wissenschaftlichen Untersuchungen, um die Vorteile einer achtsamen Meditation zu untermauern. Meditation im Allgemeinen auch. Wir werden uns mehrere fantastische Gründe ansehen, warum Meditation eine so großartige Praxis ist, die Sie in Ihr tägliches Leben integrieren können.

Es ist erwiesen, dass es die Belastung reduziert

Obwohl die Praktiker dies seit Jahren wissen....Jahrhunderte sogar, zeigen jüngste wissenschaftliche Untersuchungen, die kürzlich veröffentlicht wurden, wie Achtsamkeit Stress abbauen kann. Es hilft nicht nur dem Menschen, sich weniger gestresst zu fühlen, es reduziert auch den Cortisolspiegel, das Hormon, das Stress im menschlichen Körper verursacht.

Es hilft uns, unser wahres Selbst kennenzulernen

Die Kunst der Achtsamkeit erlaubt es uns, an den rosa Gläsern vorbeizuschauen, die wir täglich benutzen. Ohne diese sind wir in der Lage, uns selbst objektiv zu analysieren.

Meditation kann helfen, die Noten in der Schule zu verbessern.

Eine weitere durchgeführte Studie zeigte, dass Studenten, die Achtsamkeit einsetzten, tatsächlich besser im verbalen Argumentationsteil waren. Sie verbesserten auch ihr Arbeitsgedächtnis, was wiederum ihre Testergebnisse und Gesamtnoten verbesserte.

Es verändert das Gehirn schützend

Wie wir in Kapitel eins besprochen haben, hat die Wissenschaft bewiesen, dass achtsame Meditation bestimmte Teile des Gehirns betrifft. Insbesondere der Flug- oder Kampfteil des Gehirns, in dem auch der Stress zentriert ist. Dieser Teil des Gehirns nimmt ab, während der Teil der Grauen Substanz des Gehirns (in dem Logik und Argumentation gespeichert sind) größer wird.

Meditation kann die Wahrscheinlichkeit einer psychischen Erkrankung verringern

Während einige davon erblich sind, hat die Forschung gezeigt, dass achtsame Meditation tatsächlich psychische Erkrankungen bekämpfen kann.

Meditation erhöhte die Verbindungen im Gehirn, die als axonale Dichte bekannt sind. Es erhöht auch das Myelin oder Schutzgewebe, das Axone im Gehirn umgibt. Im Grunde genommen half es, diese Marker für psychische Erkrankungen zu verringern.

Es kann beim Gehirnvolumen helfen

Meditation hilft den Menschen, das Gefühl zu haben, dass Zen ein Zustand ist. Mit genügend Übung kann das Gehirn Schmerzen und Emotionen besser kontrollieren und wie sie verarbeitet werden.

Meditative Elemente und gesundheitliche Vorteile

Diese Vorteile gliedern sich in vier Teile. Körperbewusstsein, Aufmerksamkeitsregulation, Emotionsregulation und Selbsterkenntnis. Das Bewusstsein für diese im Allgemeinen ist großartig für die allgemeine Gesundheit, sowohl körperlich als auch geistig.

Es kann dich zu einem besseren Menschen machen

 Meditation tut wunderbare Dinge für uns und unseren Körper. Aber es kann auch für die Menschen von Vorteil sein, mit denen wir täglich interagieren. Achtsame Meditation macht uns mitfühlender gegenüber anderen. Es wurde auch mit dem Verhalten des Gutmenschen in Verbindung gebracht.

Meditation kann bei der Krebsbehandlung helfen. Überraschenderweise hat die Kunsttherapie in Kombination mit achtsamer Meditation einen Rückgang der

Stressbelastung von Frauen mit Brustkrebserkrankungen gezeigt. Die Bildgebung hat auch Hirnveränderungen im Zusammenhang mit Emotionen und Belohnungen sowie Stress gezeigt.

Es kann den älteren Menschen helfen.

Die alternde Bevölkerung leidet unter einer starken Depression. Ihre Freunde und Gefährten haben vielleicht weitergegeben, dass sie sich allein fühlen. Die meisten älteren Menschen wenden sich nicht an andere, um Hilfe zu erhalten oder diese Probleme zu diskutieren, denn das ist nicht das, was ihrer Generation beigebracht wurde. Sie wurden immer gelehrt, zu grinsen und zu ertragen, was keine große Sache für die Psyche ist. Es ist bekannt, dass Einsamkeit bei älteren Menschen viele gesundheitliche Probleme verursacht, einschließlich Depressionen. Die Achtsamkeitsmeditation half, diese Gefühle der Einsamkeit und Traurigkeit zu lindern, die ihre allgemeine Gesundheit verbessern konnten.

Meditation kann helfen, Erkältungs- und Grippesymptome zu lindern

Während der kälteren Jahreszeiten ist eine gute Hygiene entscheidend, um das Erkältungs- und Grippevirus in Schach zu halten. Das ist aber nicht immer genug. Studien haben gezeigt, dass Meditation in Verbindung mit Bewegung die Wirkung von Erkältungen tatsächlich verringern kann.

Das bedeutet, dass die Körperschmerzen und das Fieber verringert werden können, oder dass die Zeit, in der Sie leiden, kürzer sein könnte. Unabhängig davon zeigten diese Studien, dass Menschen, die Meditation praktizierten, regelmäßig weniger Arbeitstage verpassten. Auch ihre Symptome waren weniger ausgeprägt.

Es kann bei der Gewichtsabnahme helfen

Wenn sie mit Diät und Bewegung kombiniert werden, kann achtsame Meditation tatsächlich helfen, dir diesen zusätzlichen Schub zu geben, den du brauchst, um zu deinem Zielgewicht zu gelangen. Sieben von zehn Psychologen in einer Studie sagten, dass die Achtsamkeitsmeditation eine großartige zusätzliche Strategie darstellt, wenn es um die Gewichtsabnahme geht.

Meditation kann das Risiko einer Depression bei Schwangeren und Jugendlichen senken

Mit schwangeren Frauen haben Studien gezeigt, dass sie von der Achtsamkeitsmeditation im Sinne des Yoga profitieren können. Es gibt nur sehr wenige Medikamente, die schwangere Frauen einnehmen können, um bei den Symptomen der Depression zu helfen. Was an Yoga und achtsamer Meditation großartig ist, ist, dass sie natürliche Wege sind, um die Gefühle der Verzweiflung und Traurigkeit zu verringern, die manchmal mit der Schwangerschaft einhergehen. Neuere Studien haben gezeigt, dass bei jeder fünften Schwangeren eine Depression diagnostiziert wird. Wenn es um Teenager geht, kann Achtsamkeit Angst, Stress und Depressionen reduzieren.

Es kann dir helfen, besser zu schlafen

Wir wären nachlässig, wenn wir nicht von einem der größten Vorteile einer achtsamen Meditation sprechen würden. Es hilft nicht nur, Emotionen, Stimmungen und Stress zu kontrollieren, es kann auch helfen, einen guten Nachtschlaf zu bekommen. Mit weniger Stress und einer besseren Kontrolle über Ihre Emotionen ist es einfacher, Ihren Geist nachts abzuschalten, weil er die Ereignisse des Tages oder der Woche loslassen kann.

Wie zu Beginn dieses Kapitels besprochen, sind dies nur einige der großen Vorteile der achtsamen Meditation. Es gibt buchstäblich Hunderte, wenn nicht sogar Tausende mehr Vorteile. Nun, da wir aus dir einen Gläubigen gemacht haben, lasst uns zu den Grundlagen der Achtsamkeitspraxis kommen. Im letzten Kapitel werden wir die achtsame

Meditation detailliert beschreiben, so dass du am Ende dieses Buches bereit bist, dein eigenes meditatives Abenteuer zu beginnen.

Kapitel 12: Anwendung Der Meditation

Ganz egal, für welche Art von Meditation Sie sich entscheiden oder in welcher Stellung Sie die tägliche Entspannungsreise in Ihr innerstes Ich antreten, dann achten Sie darauf, die Übungen möglichst immer am selben Ort durchzuführen. Für den Anfang und zur Einstimmung in das Thema sind 10 Minuten völlig ausreichend. Als sehr hilfreich hat sich zudem gerade für Anfänger bewährt, wenn man die Übung in einer ruhigen Weise gesprochen hört. Dies kann mit Hilfe einer CD sein. Ebenso können Sie aber auch die im Folgenden beschriebenen Meditationsübungen aufnehmen und dann abspielen lassen. Lassen Sie sich führen von der Stimme, die Ihnen den nächsten Schritt auf Ihrer Reise ansagt.

Bei jeder Meditationsübung ist es wichtig, dass Sie auf Ihre Atmung achten. Eine tiefe und entspannende Atmung ist Voraussetzung dafür, dass Sie sich nicht nur auf Ihr Meditationsobjekt konzentrieren können, sondern auch zu Ihrer inneren Ruhe finden und die Gedanken aus Ihrem Kopf aussperren können. Zu Beginn der Meditation wird es Ihnen vielleicht komisch vorkommen. Manchmal wird es auch sehr schwer sein, die Seele im wahrsten Sinne des Wortes baumeln zu lassen. Doch mit ein wenig Übung werden Sie diese Phase erreichen, die bereits die Mönche längst vergangener Zeiten dazu benutz haben, um auf eine höhere spirituelle Ebene zu gelangen.

Die Meditation sollte bestenfalls täglich angewendet werden. Optimal ist dabei der immer gleiche und ruhige Ort. Legen Sie für sich die Zeit fest, an denen Ihnen die Meditation am besten gelingt und am meisten Wirkung zeigt. Viele Menschen nutzen beispielsweise die Zeit vor dem Zubettgehen, um für einige Minuten tiefenentspannt zu meditieren. Dadurch stellt sich der Schlaf schneller und besser ein. Andere Menschen bevorzugen die frühen Morgenstunden, weil Sie vielleicht die Meditation dazu nutzen, Ihre Gedanken für den Tag zu ordnen und etwas Ruhe in die anstehenden Aufgaben zu bringen. Welcher Weg, welche Stellung oder auch welche Zeit für Sie passend ist, müssen Sie selbst herausfinden. Am besten Sie versuchen zu Beginn Ihre Meditationsübungen an verschiedenen Orten oder auch zu unterschiedlichen Tageszeiten, um herauszufinden, wann Ihnen Ihre Meditation am besten gelingt. Unter Umständen kann eine kurze Meditation in der Mittagspause wundervoll wirken und Sie für die restlichen Stunden des Arbeitstages optimal stärken.

Wenn Sie einmal den passenden Ort und Zeit für sich gefunden haben, wird Ihr Geist die nötige Ruhe haben, sich an den neuen Rhythmus zu gewöhnen. Mit der Zeit wird es Ihnen dadurch auch leichter fallen, sich auf diese Zeit der inneren Ruhe und Einkehr einzustellen.

Beachten Sie in jedem Fall, dass Sie Ihre ganze Aufmerksamkeit bei der Meditation allein auf sich selbst lenken.

Meditation ist nur dann wirklich möglich und wirkungsvoll, wenn Sie dazu fähig sind, sich in vollem Umfang konzentrieren zu können. Unter Umständen kann es sein, dass vor den eigentlichen Meditationsübungen zunächst einmal reine Konzentrationsübungen durchführen müssen. Achten Sie darauf, dass immer alle störenden Geräusche und Ablenkungen von Ihrer Meditation ausgeschlossen werden.

Bevor Sie mit den eigentlichen Meditationsübungen beginnen, sollten Sie die nachfolgend aufgeführten Punkte bezüglich Ihrer Entspannung, Ihrer Haltung, Ihrer Wahrnehmung und Ihrer Atmung zur Einstimmung nutzen.

Entspannung: Ihren Körper können Sie in eine tiefe Phase der Erholung und Ruhe versetzen, indem Sie Ihre gesamte Muskulatur anspannen. Lassen Sie diese Anspannung beginnend vom Scheitel bis hin zu den Zehenspitzen durch Ihren Körper gleiten. Halten Sie für einige Minuten diese Spannung und lösen Sie diese anschließend wieder.

Haltung: Nehmen Sie eine sehr bequeme Stellung (sitzend oder liegend)ein, schließen Sie die Augen und legen Sie Ihre Hände vollkommen entspannt und locker in den Schoß, auf die Knie oder neben den Körper und lassen Sie Ihre Gedanken los.

Wahrnehmung: Nehmen Sie nun ganz bewusst und mit geschlossenen Augen alle Geräusche um sich herum wahr. Das kann zum Beispiel das Ticken der Uhr oder das leise Rauschen einer Aquarium Pumpe sein. Richten Sie dann Ihre Konzentration auf Ihren eigenen Herzschlag und Ihre Atmung. Lassen Sie die anderen Geräusche, wenn es möglich ist, ruhig in den Hintergrund treten.

Atmung: Es ist wichtig, dass Sie sich eine sehr ruhige und langsame Atmung angewöhnen. Nehmen Sie bewusst wahr, wie die Atemluft durch Ihre Nase eindringt, sich Ihr Brustkorb hebt und dann die Luft wieder durch die Nase entweicht. Sollten Sie eine stehende Stellung eingenommen haben, können Sie sich bei jedem Atemzug vorstellen, dass Wurzeln von Ihnen in den Boden wachsen. Immer tiefer und immer mehr.

aufkommende Gedanken: Diese werden Ihnen gerade zu Beginn Ihrer Meditationen immer wieder durch den Kopf spuken. Nehmen Sie die Gedanken ruhig wahr und lassen Sie sie dann weiterziehen. Es ist vollkommen normal, dass es Gedanken schaffen uns in dieser Phase zu durchdringen. Wichtig ist dabei nur, dass Sie sich nicht in diesem Netz aus Gedankensplittern und Ideen verfangen. Konzentrieren Sie sich immer wieder neu auf Ihre Selbstwahrnehmung und Atmung. Nur so gelangen Sie in die echte Meditation, die Ihnen die vorteilhaften Wirkungen in jeglicher Hinsicht bereithält.

Kapitel 13: Ziele Beim Meditieren

Die meisten Menschen leiden unter Stress, unter Leistungsdruck und fühlen sich von ihrem wahren selbst entfremdet. Was kann Meditation unter diesen schwierigen Bedingungen leisten?

Natürlich hat Meditation einige unmittelbare Wirkungen, die schon nach kurzer Zeit zu einem verbesserten Wohlbefinden auf der geistigen und emotionalen Ebene führt. Aber es gibt auch eine zweite, tiefere, spirituelle Zielsetzung beim Meditieren. Meditation der Erkenntnis, die zu tiefer innerer Befreiung führt. Meditation kann auch dabei helfen, ein integres ethisches Verhalten hervorzubringen. Meditation hilft dabei, unserer Welt gegenüber eine mitfühlende und liebevolle Grundhaltung entgegen zu bringen.

5.1. Folgende wichtigen Ziele spielen bei Meditation eine Rolle:

•

 Menschen beginnen, sich für Meditation zu interessieren, wenn Sie überlastet sind, an Burnout oder Stress leiden und sich generell den Anforderungen ihrer schwierigen Lebenssituation nicht mehr gewachsen fühlen. In so einer Lebenslage brauchen Menschen Unterstützung und möchten wieder zu einem gesunden körperlichen und seelischen Gleichgewicht zurückfinden. Das ist eine sinnvolle Zielsetzung und es gibt eine Reihe von Therapien, die auf Meditation basieren, die in solchen Fällen schnell helfen können. Besonders Meditation die auf dem Training der Achtsamkeit beruht, kann hier Erstaunliches bewirken, wenn die Betroffenen dazu bereit sind, sich auf diesen Zugang einzulassen und sich konsequent bemühen und entsprechend Zeit und Interesse für diese Form der Stressbewältigung aufbringen.

•

Viele Menschen betreiben Meditation auch einfach nur mit dem Ziel, ihr allgemeines Wohlbefinden zu verbessern. Dagegen ist auch überhaupt nichts zu sagen, denn Meditation kann viel dazu beitragen, dieses Ziel zu erreichen. Wir können unseren Alltag mit Meditation besser bewältigen und Meditation hilft uns dabei, ein positives emotionales Gleichgewicht zu schaffen. Auch dies ist eine guter Grund Meditation zu pflegen.

•

Eine tiefere Zielsetzung, die über die beiden ersten hinausgeht, ist der bewusste Einsatz der Meditation zur Befreiung von quälenden und schwierigen Emotionen, die wir in unserem Verstand und in unserem Herzen mit uns umher tragen. Denn wenn wir tiefer schauen, werden wir feststellen, dass es nur oberflächlich betrachtet unsere äußeren Lebensumstände sind, die uns zu schaffen machen. Die Probleme, die uns von außen belasten haben immer auch eine Entsprechung in unserem Inneren. Es sind grundsätzliche Probleme im denken, im Fühlen und in tiefsitzenden Verhaltensmustern, die uns immer wieder unglücklich machen und die immer wieder dafür sorgen, das neue Probleme entstehen, die uns scheinbar von außen zu schaffen machen. Mit Meditation können wir unsere tiefsitzenden, destruktiven Tendenzen wie Ärger, Hass, Gier, Neid und Hochmut erkennen, durchschauen und diesen negativen Emotionen schließlich ihre Kraft und ihre macht nehmen, so dass sie keinen Einfluss mehr auf uns ausüben können. Stattdessen kann Meditation uns helfen, gezielt positive und heilsame Einflüsse wie Erkenntnis, Güte, Empathie und Großzügigkeit zu fördern und zu kultivieren. Letztlich geht es bei Meditation um das schaffen innerer Freiräume.

Alle Motive, der therapeutische Ansatz zur Stressbewältigung ebenso wie der Wunsch, das allgemeine Wohlbefinden zu verbessern oder den Geist und die Seele von negativen Emotionen zu befreien, sind sinnvolle Anwendungsgebiete der Meditation und haben voll und ganz ihre Berechtigung. Und doch kann Meditation auf einer anderen, tieferen Ebene noch wesentlich mehr leisten. Bisher ging es uns nur darum, unser eigenes Wohlergehen zu fördern und und unser eigenes Wohlbefinden zu verbessern, was völlig legitim und ein wichtiges Anliegen ist. Denn nur wenn wir uns selber heil und geborgen fühlen und mit uns selbst im reinen sind, können wir auch etwas für unsere Mitmenschen und für unsere Mitwelt erreichen.

5.2. Die Interessen anderer ins Zentrum rücken

Nur wenn es uns selbst gut geht, sind wir bereit dazu, mit Meditation nach höherem zu streben und eine neue spirituelle Ebene zu erreichen, in der es um mehr geht, als nur um Stressabbau und das lösen von Tagesproblemen. Wenn wir diese ersten drei Zielsetzungen erreicht und abgeschlossen haben, ist es an der zeit, mit Hilfe der Meditation nach höheren spirituellen Zielen zu streben. Jetzt geht es nicht mehr nur darum, unser eigenes Wohlbefinden zu fördern. Wir stellen nicht mehr unser eigenes Selbst in den Vordergrund, sondern wir meditieren mit dem Ziel, innerer Freiheit von unseren eigenen Bedürfnissen und Wünschen zu erreichen und stellen stattdessen das Wohlergehen aller in das Zentrum unseres

Lebens und Handelns. Das ist eine große und sinnstiftende Aufgabe. Es ist ein anspruchsvoller spiritueller Weg, für den wir unser ganzes Selbst voll und ganz einsetzen. Wir können auf diese Weise unsere innere Freiheit mit der tiefen Verbundenheit mit unseren Mitmenschen und unserer Umwelt miteinander verbinden.

5.3. Ziele setzen ist wichtig

Letztlich liegt es an Ihnen, welche Ziele Sie sich setzen. Es ist aber auf jedenfalls sinnvoll, dass Sie sich konkrete Ziele Setzen, wo die Meditation Sie langfristig hinführen soll. Selbstverständlich sind alle hier aufgeführten Zielsetzungen völlig legitim und wenn Ihnen zunächst nur daran gelegen ist Stress abzubauen und sich vor einem drohenden Burnout zu schützen, dann ist das völlig in Ordnung. Ebenso, wie es völlig in Ordnung ist, wenn Sie sich mit Hilfe von Meditation von negativen Emotionen befreien wollen. Nur wenn Ihr eigenes Wohlbefinden geklärt ist und Sie sich in einem ausgeglichen und stabilen Zustand befinden, können Sie überhaupt daran denken, anderen effektiv zu helfen. Wer noch vollauf mit seinen eigenen Sorgen und Problemen beschäftigt ist, hat ohnehin keine Energie, um sich auch noch mit den Problemen seiner Mitmenschen zu beschäftigen. Doch wahrscheinlich werden Sie selbst von sich aus nach mehr und nach höheren Zielen streben, wenn Sie mit Meditation erst einmal Ihr eigenes, grundlegendes Wohlbefinden wieder hergestellt haben.

Altruistische Motivation, das Streben nach dem Wohlbefinden anderer kann zu den stärksten Antriebskräften der Meditation überhaupt werden, wenn Sie dazu bereit sind, sich auf diese spirituelle Ebene der Meditation einzulassen. Meistens leben unser Leben ausschließlich in Kategorien von Ich, Mich und Mein. Selbst dann, wenn wir anderen gegenüber offen und wohlgesinnt sind. Das ist eine normale und verständliche Haltung, aber wenn es gelingt, sich von diesem starken Bezug auf das eigene Ego zu lösen und zu einer altruistischen Lebenshaltung zu finden, kann Meditation Sie zu vollkommener innerer Freiheit führen.

Kapitel 14: Meditation Für Alle
Leicht Gemacht

Im fünften Kapitel finden Sie eine einfache Anleitung, wie Sie die Meditation erlernen können. Wenn Sie meditieren, dann bedeutet das, dass Sie Ihre Achtsamkeit steigern. Sich selbst beobachten, wie man etwas tut, egal ob sprechen, denken etc. Dadurch erfahren Sie sehr gute Resultate auf Körper, Geist und Seele. Das Selbstbewusstsein steigt, der Fokus im Leben wird klarer und die Energie wird gesteigert. Ihre Stärke im Inneren wird größer und die allgemeine Aufmerksamkeit ist höher, obwohl man entspannt ist. Das ist die geniale Mischung: Einerseits erleben Sie Wachheit und auf der anderen Seite sind Sie relaxt. Meditation ist das Allheilmittel gegen den stressigen Alltag, Ängste, Depressionen und andere psychische Probleme. Meditation ist also keine Zeitverschwendung, sondern eine Möglichkeit, seine Mitte zu finden. Egal ob

Schlafstörungen, Konzentrationsstörungen, Mangel an Selbstbewusstsein, Stress in der Arbeit, diffuse Ängste, negatives Denken, Verspannungen, Energielosigkeit oder Schwäche: Meditation ist ein ideales Werkzeug um hier Hilfe zu erlangen. Sie werden bemerken, dass sie gezielter und mit mehr Klarheit auf alles zugehen werden. Alles läuft leichter von der Hand und auch in größerem Tempo. Ihr allgemeiner Tatendrang wird größer, die Lebenskraft gestärkt. Allgemein fallen uns beim Begriff "Meditation" Bilder ein, wie indische Yogis, die ganz still am Boden sitzen, wie eine Stein-Buddha Figur. Das ist eine Möglichkeit der Mediation, aber Mediation kann auch einfach in Ihrem Alltag jeden Moment passieren: Unter der Dusche, beim Spazierengehen oder beim Einschlafprozess. Meditation heißt: Sich selbst spüren, still werden, bewusst da zu sein, und das geht in fast allen Situationen.

Tipps zum Erlernen des Meditierens:
- an nichts anderes denken

- nichts anderes tun, als bei sich sein
- nur auf die Meditation konzentrieren
- loslassen

Weitere Voraussetzungen für eine erfolgreiches Meditieren:

1. Der Platz der Meditation: Dort sollte Ruhe, Sauberkeit, Ordnung, Ungestörtheit vorherrschen. Es darf auch dekoriert werden (Buddha, Talisman, Kerze etc.). Je kuscheliger und interessanter Sie diesen Platz gestalten, desto mehr werden Sie sich auf Ihre Meditationsstunde freuen!

2. Die Ruhe bei der Meditation: Schalten Sie das Handy aus, schalten Sie das Telefon stumm, sorgen Sie für eine störungsfreie Zeit, in der niemand den Raum betritt. Sie brauchen absolute Ruhe und das Gefühl, bei sich zu sein.

3. Die Sitzposition bei der Meditation: Holen Sie eine Yogamatte oder eine Gymnastikmatte, eine Wolldecke, ein Handtuch oder eine andere warme, weiche Unterlage. Der Schneidersitz wäre

ideal als Sitzposition, oder auch der Halb-Lotus-Sitz (ein Fuß liegt auf dem anderen). Wenn Sie nicht so gut auf dem Boden sitzen können, weil Sie vielleicht orthopädische Probleme haben, geht es ebenfalls auf einem normalen Stuhl, wichtig ist, dass Sie sich wohl fühlen und loslassen können.

4. Die Körperhaltung bei der Meditation: Versuchen Sie mit einer aufrechten Wirbelsäule und einem aufrechten Rücken und einem geöffneten Brustwirbelbereich zu sitzen, damit Sie frei atmen können. Nur so kann die Energie frei fließen. Legen Sie die Arme auf den Schoß, Ihre Hände liegen locker da, die Daumen zeigen gegeneinander, dürfen sich aber nicht berühren. Ihr Kopf wird locker geradeaus halten, lassen Sie die Schultern fallen. So ist Ihr Körper ist entspannt und es kann los gehen mit der Meditation.

5. Wichtiges vor dem eigentlichen Beginn der Meditation: Stellen Sie einen Wecker auf eine Viertelstunde in etwa. Schließen

Sie die Augen und atmen Sie ganz tief in den Bauch hinein. Atmen Sie durch die Nase ein und durch den Mund aus.

6. Die eigentliche Meditation

Die Konzentration liegt auf der Atmung, Sie werden eins mit sich selbst.Hören Sie hinein und achten Sie auf alles: Auf den Luftstrom beim Atmen, den Bauch, der sich auf und ab bewegt. Die Gedanken, die zwischendrin kommen, einfach wie Wolken vorbeiziehen lassen.

7. Das Aufwachen

Wenn der Wecker klingelt, dann nicht einfach abbrechen, sondern ganz langsam weiter atmen. Bewahren Sie die aufrechte Haltung und bleiben Sie bewusst bei sich selbst. Dann ganz langsam die Augen öffnen und ins Hier und Jetzt zurück kommen.

Kapitel 15: Wie Begeisterte Ich Kinder Für Meditation?

Kinder für eine neue Erfahrung zu begeistern, die dann auch noch mit Stille und Insichgekehrtsein verbunden ist, scheint zunächst keine leichte Aufgabe. Aber es ist möglich sie spielerisch an dieses Thema heranzuführen. Besonders geeignet ist die Verbindung mit einer Geschichte aus der buddhistischen Lehre, dem sogenannten Monkey Mind. Damit werden Kinder verständlich und kindgerecht in die Meditation eingeführt.

Aus den Lehren des Buddha:

„Die Monkey Minds symbolisieren den permanenten, ruhelosen, launenhaften und scheinbar unkontrollierbaren Gedankenstrom des Geistes, so wie tausend Affen in einem Baum ständig von einem Ast zum anderen schwingen, springt auch der Geist ständig von einem Gedanken zum Nächsten, von der Zukunft in die Vergangenheit und erzeugt Erwartungen, Sorgen und Ängste. Wir sorgen uns über Dinge, die vielleicht niemals eintreten, verzetteln uns in der Vergangenheit und bauen Ängste auf. Dadurch verschwenden wir sehr viel Energie und nehmen das Hier und Jetzt kaum noch bewusst wahr. Danach ist es möglich den Kindern die Meditation in einem entscheidenden Satz zu erklären:

„Es geht darum die unruhigen Affen zu zähmen und sie dazu zu bringen, einmal kurz auf einem Ast sitzen zu bleiben."

Mit dieser Erklärung hat bereits Buddha seinen Schülern das Thema der Meditation näher gebracht und ihnen erklärt, dass es sinnlos sei, die Affen zu bekämpfen oder sie vertreiben zu wollen, es sei aber durch die Meditation möglich, die Affen zu zähmen, damit sie friedlicher werden.

Ein weiterer wertvoller Ansatz Kinder für das Meditieren zu begeistern ist die frühkindliche Gewöhnung innerhalb der

Familie. Je früher und bewusster Eltern ihre Kinder in die einfühlsame Wahrnehmung des Hier und Jetzt einbinden, sei es durch Atemübungen vor dem Schlafengehen, durch das Verharren an einem Ort und genießen des Moments, durch stille Einkehr vor den gemeinsamen Mahlzeiten, aber auch durch den achtsamen Umgang innerhalb dieser Gemeinschaft. Die Förderung der Konzentration im gemeinsamen Spiel, im Basteln und Malen, fernab der medialen Einflüsse, schult die Kinder darin ihre persönlichen Fähigkeiten zu erkennen und sich ihrer eigenen Talente und Möglichkeiten gewahr zu werden. Auch dies birgt meditative Elemente, das Versinken im Schaffen und sich der eigenen Stellung innerhalb einer kleinen Gruppe bewusst zu werden - mit Geduld und Kreativität. Je früher die Kinder dies als selbstverständlich für sich anerkennen, sie im Spiel und ihrer freien Entfaltung unterstützt werden, umso einfacher werden sie den Eindrücken von außen gelassen entgegen treten.

Kinder zur Bewegung zu motivieren, scheint dagegen ein wenig leichter, weil es dem natürlichen Drang der Kinder, sich zu bewegen, deutlich mehr entgegen kommt. Ziel ist dabei nicht, dass die Kinder sich beim Toben und Rennen auspowern, sondern die Bewegungen ihrem bewussten Atmen und ihrem Gedankenfluss anpassen. Dies geschieht unterstützt durch ein rhythmisches Trommeln oder Klangspiele.

Beim Yoga lernen die Kinder ihren Körper gezielt zu bewegen und durch Übungen des Körpers mit Atemtechniken in Einklang zu bringen und dadurch Ruhe und Ausgeglichenheit zu finden.

Qi-Gong ist eine gymnastische Form der Meditation. Hier werden die Bewegungen in einer Meditation zur Erhöhung der Konzentrationsfähigkeit angewendet.

Kapitel 16: Einige Meditationstipps

Meditation erfordert, wie alles, was sich lohnt, Übung. Um das Beste aus der Meditation herauszuholen, musst du es jeden Tag tun. Dies erfordert einen Ort und eine Zeit, an denen Sie nicht gestört werden. Im Folgenden finden Sie einige Meditationstipps.

- Setzen Sie sich mit geradem Rücken. Versuchen Sie nicht, im Liegen zu meditieren, da Sie wahrscheinlich einschlafen. Meditation bringt Entspannung und Frieden, aber gleichzeitig ist dies ein dynamischer Frieden. Meditation ist ganz anders als die Entspannung des Schlafes. Wenn wir wirklich meditieren, sind wir völlig wach und bewusst. Unser Bewusstsein ist geschärft. Danach haben Sie ein positives Gefühl für die Welt und ein neues Gefühl für Dynamik.

- Iss nicht, bevor du meditierst. Nach einer schweren Mahlzeit wird Ihr Körper mit Verdauung lethargisch sein.

-        Es ist nicht notwendig, in der Lotussitzung zu vermitteln. Es ist in Ordnung, auf einem Stuhl zu meditieren, solange der Rücken gerade ist.

-        Es ist hilfreich, vor dem Meditieren zu duschen.

-        Brennender Weihrauch und eine Kerze sind nicht erforderlich, aber sie können ein wenig zusätzliche Inspiration hinzufügen.

-        Wenn Sie sich nicht konzentrieren können, versuchen Sie zu zählen. Zählen Sie Ihre Atemzüge, bis Sie fünf sind, und beginnen Sie dann erneut.

-        10 Minuten pro Tag zu meditieren ist unendlich besser als 70 Minuten pro Woche zu meditieren. Versuchen Sie, häufig zu meditieren (wenn möglich jeden Tag), auch wenn dies nur ein paar Minuten Sitzen bedeutet.

-        Meditiere an einem ruhigen Ort. Wenn Sie weniger Ablenkungen in Ihrer Nähe haben, können Sie sich auf natürliche Weise besser konzentrieren und Ihre Meditation wird viel produktiver.

- Es ist gut, früh am Morgen zu meditieren. Es wird gesagt, dass die beste Zeit 3 Uhr morgens ist, obwohl ich denke, dass es wichtiger ist, wach und nicht schläfrig zu sein, meditiere ich um 6.30 Uhr.

6.0 Überwinde mögliche Hindernisse

Jeder, der meditieren lernt, stößt auf Hindernisse. Hier sind einige der häufigsten und einige Tipps zum Umgang mit ihnen.

Ungeduld

Der Drang, während einer Meditationssitzung etwas anderes zu tun, ist wahrscheinlich das größte Meditationshindernis da draußen. Ungeduld führt dazu, dass wir die Meditationssitzungen vorzeitig beenden, unsere Konzentration beeinträchtigen und unsere Praxis häufig ganz beenden.

Der Schlüssel, um der Ungeduld entgegenzuwirken, besteht darin, die Existenz des Gefühls selbst zu erkennen. Wenn wir den unersättlichen Drang verspüren, etwas anderes zu tun, ist es wichtig, das Gefühl der Ungeduld anzuerkennen, anstatt sich darauf einzulassen. Indem wir unsere Ungeduld anerkennen, befähigen wir uns, effektiv damit umzugehen, anstatt uns von ihr regieren zu lassen.

Nachdem wir das Gefühl anerkannt haben, müssen wir uns daran erinnern, dass die Vorteile einer täglichen Meditationspraxis uns helfen werden, bei allem, was wir danach tun, effektiver zu werden, einschließlich der Aktivitäten, die unsere Ungeduld hervorrufen. Ein ruhiger, effektiver Geist hilft bei der Entscheidungsfindung, Angst und klarem Denken.

Zweitens können wir durch Erkennen und Isolieren des Gefühls der Ungeduld üben, es loszulassen, was zur Essenz der Meditation führt - unproduktive Gedanken erkennen und loslassen.

Zeitmangel

So oft haben wir die Absicht, regelmäßig zu meditieren, aber am Ende wird unsere

Praxis für „wichtigere" Dinge beiseite geworfen. Wir haben oft das Gefühl, dass wir noch eine Million anderer Dinge tun müssen, bevor wir Zeit für unsere Meditationspraxis haben.

Der Schlüssel hier ist, Meditation zu priorisieren, indem wir an unserer Wahrnehmung arbeiten. Wenn wir Meditation als einen zentralen Bestandteil unserer Routine betrachten, wie das Zähneputzen oder Duschen, dann ist fehlende Meditation keine Option mehr. Wir machen eine Routine durch, um unseren physischen Körper auf den Tag vorzubereiten. Warum also nicht auch einen für unseren Verstand?

Schlafmangel

Es ist sehr, sehr schwierig zu meditieren, ohne genügend Schlaf zu haben. Wenn wir anfangen, über wenig Schlaf zu meditieren, fühlen wir uns oft schläfrig und dösen ein. Nicht sehr produktiv! Außerdem verringert ein Schlafdefizit unsere Fähigkeit, unsere Gedanken zu konzentrieren und zu kontrollieren, was unsere Meditationssitzungen weitaus weniger effektiv macht. Es ist auch weniger wahrscheinlich, dass wir überhaupt meditieren, wenn Müdigkeit unsere Entschlossenheit untergräbt.

Was ist die Antwort? Machen Sie eine Pause und schlafen Sie ein bisschen! Es ist in Ordnung, loszulassen und uns die Wiederherstellung zu erlauben, die wir brauchen, um erfolgreich zu sein.

Nach kurzer Zeit anhalten

Dies ist eine sehr subtile Falle in unserer Meditationspraxis, deren Überwindung sehr lange dauern kann, wenn wir nicht erkennen, dass dies geschieht. Dies geschieht während einer Sitzung, in der sich unser Geist schließlich an einem Ort der Ruhe einnimmt und wir uns dann entschließen, die Meditation sofort zu beenden, weil wir glauben, unser Ziel erreicht zu haben. Indem wir unsere Sitzung vorzeitig beenden, verpassen wir tatsächlich die enormen Vorteile der Fortsetzung.

Wir können uns Meditation in zwei Schritten vorstellen. Schritt eins erreicht die anfängliche Ruhe während einer Meditation und Schritt zwei sitzt mit dieser Ruhe. Indem wir in einem ruhigen Zustand leben, vertiefen wir unsere Ruhe, verbessern unsere Klarheit und stärken unser Gefühl der Entspannung für die Zeit nach der Meditation.

So viele Ablenkungen

Es ist wichtig zu wissen, dass Sie nicht in völliger Stille sitzen sollen. Sie sollen sich einfach in Ihre Umgebung mit all den dazugehörigen Geräuschen einleben, sei es ein lauter Nachbar, schreiende Kinder auf der Straße oder ein Rückfahrkarren. Anstatt sich mit diesen Geräuschen zu beschäftigen - oder zu versuchen, sie auszuschalten und frustriert zu werden, wenn Sie nicht in der Lage sind -, lassen Sie sie ohne Widerstand kommen und gehen. Wenn Sie am Anfang damit zu kämpfen haben, können Sie natürlich immer Ohrstöpsel oder geräuschunterdrückende Kopfhörer ausprobieren.

Kapitel 17: Die Verschiedenen Formen Der Meditation

„Meditieren bedeutet, dass du ganz in dem aufgehst, was du gerade machst, dir in diesem Moment ganz bewusst zu sein, ohne dabei in Gedanken oder Sorgen zu versinken. Denn ansonsten entfernst du dich vom meditativen Zustand."

Wörtlich übersetzt bedeutet Meditation also „bei sich sein" oder so viel wie „sich zur Mitte hin ausrichten" oder „einen Zustand entspannter Aufmerksamkeit einzunehmen. Das Ziel, das die Meditation verfolgt ist simpel: sie ermöglicht es dir, dich von den Reizen der Außenwelt sowie dem Alltagstrubel zurückzuziehen und nur das anzunehmen, was jetzt und gerade ist.

Sicherlich ist dies leichter gesagt als getan. Hier gilt „Übung macht den Meister".

Viele Meditationen legen den Fokus darauf, dass sich der Meditierende auf etwas Bestimmtes konzentriert. Dabei kann es sich um deine Atmung handeln oder ein Objekt, wie zum Beispiel eine Kerzenflamme. Besonders für Anfänger sind diese Meditationsformen sehr gut, denn es ist etwas vorhanden, an dem sich der Meditierende festhalten kann.

Diejenigen die bereits über etwas mehr Erfahrung verfügen, die können die Meditation immer weiter in den Alltag einbringen. Hier wird jedoch das langfristige Ziel der Meditation verfolgt: Nicht nur für 15 Minuten oder der Länge der Meditation den Kopf „freizuhalten" und den gegenwärtigen Augenblick wahrzunehmen, sondern den kompletten Tag hinweg gelassen zu sein und im Zustand der Meditation zu verharren.

„Meditation ist nichts als Heimkehr, eine kleine Rast im Inneren. Sie ist kein Singen von Mantras, sie ist nicht mal Gebet; du kommst einfach nach Hause zurück und ruhst dich ein bisschen aus. Nirgendwo hinzugehen, das ist Meditation; einfach zu sein, wo du bist; es gibt kein „anderswo" – du bist, wo du bist, füllst einfach den Raum, in dem du bist..." (Osho)

Es gibt sowohl aktive als auch passive Meditationen. Wie der Name bereits vermuten lässt, funktionieren die passiven Übungen ganz ohne körperliche Bewegung. Dabei handelt es sich zumeist um Atemübungen oder andere Formen von Konzentrationsübungen.

In den aktiven Meditationen sind auch Bewegungen enthalten und dazu gehören die drei bekannten, die ich dir nun einmal näher erklären möchte.

Osho Meditation

Ein großer Pluspunkt der Meditation ist, dass sie sehr vielseitig ist. Es gibt für jeden Geschmack und jedes Bedürfnis eine Methode. Die einen mögen es eher ruhig und gemütlich, während andere eher „Action" bevorzugen.

Ist dir eine normale Meditation zu langweilig? Du möchtest eine körperliche Herausforderung und bis an deine Grenzen gehen? Eine bewegte Meditation ist genau das, wo du so richtig aus dir herauskommen kannst?

Wenn du einmal eine komplett andere Meditation ausprobieren und neue Erfahrungen sammeln möchtest, dann ist die Osho Meditation genau das richtige.

Wer ist Osho?

Osho war als Bhagwan Shree Rajneesh bekannt und er war einer der einflussreichsten spirituellen Lehrer überhaupt. Er lehrte spezielle und zum Teil sehr ausgefallene Meditationstechniken und zudem war er als Sex-Guru bekannt. 1931 wurde Osho in Indien als Chandra Mohan Jain geboren und studierte im Alter von 19 Jahren Philosophie. Im Anschluss unterrichtete er an verschiedenen Universitäten. Im indischen Pune gründete er 1974 ein Zentrum für Meditation und Selbsterfahrung.

Im Laufe seines Lebens veröffentlichte Osho über 600 Bücher und hielt unzählige Vorträge. Es gibt noch heute weltweit Millionen von Anhänger sowie zahlreiche Meditationscenter, wo seine Lehren verbreitet und praktiziert werden. Sicherlich ist seine Person nicht unumstritten und er sorgte regelmäßig für Kontroversen. 1990 verstarb Osho im Alter von 58 Jahren.

Was ist das besondere an den Osho Meditationen?

Denke JETZT spontan an Meditation? Was kommt dir in den Sinn? Atemübungen? Völlige Stille? Über eine längere Zeit sitzen oder sogar liegen?

Deine Gedanken sind keinesfalls falsch, denn sie stellen die typische Meditation dar. ABER, das ist nur eine Variante der

Meditation. Viele der Osho Meditationen sind genau das Gegenteil. Denn die Osho Meditationen haben das Ziel durch aktives Auspowern, die verdrängten Konflikte und Emotionen zu reduzieren und abzubauen – so soll der Meditierende zu einer starken inneren Stille gelangen

Für ausgefallene Meditations-Techniken war Osho bekannt und das bis heute. Im Übrigen gibt es Meditationen, mit denen du dir das Rauchen abgewöhnen kannst oder es gibt sogar skurrile Übungen, wo du an einer Milchflasche nuckelst, ebenso wie ein Baby.

Bei den folgenden Meditationen handelt es sich um aktive Meditations-Techniken. Das bedeutet, die meditierst nicht im Sitzen oder Liegen, sondern du kannst tanzen, hüpfen, schreien oder andere Dinge machen. Eben genau der Ablauf ist es, durch die die Osho Meditationen so besonders werden und intensiv sind.

Was musst du bei den Übungen beachten?

Nochmals: Osho Meditationen sind sehr speziell. Sie dauern zum einen sehr lange, zumeist eine Stunde und daher solltest du dir genügend Zeit nehmen. Durch diese Art der Meditation wirst du mit völlig neuen Erfahrungen in Berührung kommen, die du ansonsten bei der Meditation nicht erlebst. Es geht bei einigen Meditationen nämlich auch darum, dass du dich komplett auspowerst. Du kannst mir glauben, du wirst ins Schwitzen kommen und mit Sicherheit an deine Grenzen stoßen.

Ich muss hier zugleich eine kleine Warnung aussprechen: es kann sein, dass dir während der Meditationsübung leicht schwindelig oder gar übel wird. Ist das der Fall, schalte etwas zurück, doch höre nicht auf. Auf keinen Fall solltest du diese Übungen mit vollem Magen durchführen. Weitere Tipps gibt es gleich bei den einzelnen Beschreibungen der Meditationen.

Eine kurze Anmerkung: Musik ist ein wesentlicher Bestandteil der Übungen. Es gibt für jede Osho Meditation die passende Musik, die mal ruhig und mal treibend sein kann – also immer auf die jeweilige Technik abgestimmt. Die meisten der Meditationen sind in verschiedene Phasen eingeteilt: zum Beispiel 4 x 15 Minuten. Durch einen Gong in den Musikstücken wird das Ende einer Phase oder einer anderen Übung eingeleitet.

Osho Meditationen: Übungsanleitungen:

Die Kundalini Meditation´:

Diese Übung besteht aus vier Phasen zu je 15 Minuten und ist für den Morgen geeignet. Ausführen kannst du sie mit geöffneten oder geschlossenen Augen. Das Einzige was du benötigst, ist die passende Musik sowie eine Gymnastik- oder Yoga-Matte.

Phase 1: Stehe locker und schüttle dich. Lasse alle Anspannungen los und lass das

Schütteln einfach geschehen. Auf keinen Fall solltest du dich bewusst schütteln oder es erzwingen – es kommt ganz von allein. Spüre, wie die Energie von den Füssen nach oben hin aufsteigt.

Phase 2: Tanzen! Beginne einfach drauf los zu tanzen, bewege dich so, wie es dir Spaß macht.

Phase 3: Beobachte! Setze dich hin oder bleibe stehen. Schließe die Augen und beobachte was innen und außen geschieht.

Phase 4: Liege still! Lege dich nun hin und lass die Augen geschlossen. Sei ganz still!

Tipp! Versuche dich so gut wie möglich, und ohne Vorbehalte auf diese neue Erfahrung einzulassen. Lass dich einfach fallen. Zwar können die ersten 30 Minuten etwas anstrengend sein, doch dafür ist der Ruheteil im Anschluss umso schöner.

Die Kirtan Meditation:

Diese Meditation besteht aus drei Phasen zu je 20 Minuten und ist ebenfalls gut für den Morgen geeignet. Führe diese Übung mit geschlossenen Augen durch. Auch hier benötigst du Musik sowie eine Yoga- oder Gymnastikmatte.

Phase 1: Singe, tanze und klatsche – gehe voll und ganz darin auf.

Phase 2: Liege still, halte die Augen geschlossen - lege dich langsam hin und bleibe still und ruhig liegen.

Phase 3: Diese Phase ist gleich mit der ersten. Genieße sie und habe Spaß dabei.

Tipp! Die Meditation kann sich etwas lang anfühlen. Doch denke nicht darüber nach, sondern konzentriere dich stattdessen auf die Musik und lasse dich von ihr treiben.

Die Heart Chakra Meditation:

Diese Meditationsübung ist ruhiger und sehr angenehm. Sie besteht aus sechs Phasen und dauert rund 45 Minuten. Für die Grundposition sind deine Augen geöffnet, du stehst in einer entspannten Haltung. Lege deine Hände auf die Mitte der Brust (Herz-Chakra – zu den Chakren komm ich noch später) und fühle deinen Herzschlag. Atme entspannt und gleichmäßig. Atme die alte Energie aus und nimm die frische auf. Starte die Musik.

Phase 1 (6 Min) NORDEN: Sobald die Musik startet, atmest du stark aus und gleichzeitig streckst du den rechten Arm und das rechte Bein nach vorn. Dabei ist die rechte Handfläche nach außen gerichtet, die linke bleibt auf der Brust liegen. Während du einatmest, bringst du Arm und Bein wieder in die Grundposition zurück, beide Hände liegen auf dem Herz-Chakra. Beim nächsten Ausatmen wiederholst du das mit dem linken Arm und dem linken Bein. Wiederhole diese Bewegungen und bleibe dabei im Rhythmus der Musik, die mit der Zeit immer schneller wird. Während der Übung ist es wichtig, dass du mit der Erde verwurzelt bleibst und wirklich nur Arme und Beine bewegst.

Phase 2 (6 Min) OST und WEST: Nun werden die Bewegungen nicht nach vor ausgeführt, sondern zur Seite. Bei den Bewegungen drehst du deinen Oberkörper leicht mit. Während du ausatmest, streckst du den rechten Arm und das rechte Bein zur Seite aus. Beim Einatmen bringst du Arm und Bein wieder in die Grundposition zurück, die Hände liegen wieder auf dem Herz-Chakra. Beim nächsten Ausatmen wiederholst du die Übung mit dem linken Arm und dem linken Bein.

Phase 3 (6 Min) SÜDEN: Bei dieser Übung streckst du dich nach hinten, der obere Körper, der Kopf, der rechte Arm und das rechte Bein blicken beim Ausatmen zurück nach rechts. Das linke Bein bleibt fest stehen. Während du einatmest, kommst du in die Grundposition zurück. Die

Bewegungen wiederholst du mit dem linken Bein und dem linken Bein.

Phase 4 (8 Min) CIRCLE: Alle drei Übungen fließen in dieser Phase zusammen. Verbinde die ersten drei Phasen zu einer einzigen Abfolge und wiederhole sie.

Phase 5 (6 Min) THE INNER TEMPLE: Setze oder lege dich hin, genieße die Musik und entspanne dich. Du atmest ganz normal und fühlst die Verbindung mit deinem Herzen. Dabei kannst du beide Hände auf das Herz Chakra legen.

Phase 6 (15 Min) TIBETAN SOUND BOWLS: Entspanne dich jetzt zu den Klängen der tibetischen Klangschalen.

Hinweis: Sicherlich kannst du die Osho Meditation allein durchführen, doch die volle Wirkung und Intensität entfaltet sie nur in der Gruppe. Es gibt weltweit Osho Meditationszentren und auch in Deutschland. Vielleicht ist eines in deiner

Nähe.
(http://www.osho.de/wo/meditationszent
ren/)

Geh Meditation – Meditation mit
Bewegung:

Ich möchte dir eine Frage stellen. Wie
bewusst gehst du im Alltag? An was denkst
du, während du gehst? Hast du dir schon
einmal Gedanken darüber gemacht, das
Gehen als Meditation zu nutzen?

Wenn ja, dann ist diese Meditationsart
sicherlich interessant für dich.

In der Regel bewegen wir uns einfach von
A nach B, um so ein bestimmtes Ziel zu
erreichen. Bei der Geh-Meditation wird
nicht das Ziel verfolgt ein Ziel zu erreichen,
sondern der Prozess des Gehens ist die
eigentliche Übung.

Für uns ist das Gehen etwas Selbstverständliches und darum haben wir verlernt, es zu schätzen und zu genießen. Die meiste Zeit gehen wir automatisch und gedankenverloren. Während des Gehens trinken oder essen wir etwas, wir grübeln über 1000 Dinge nach oder telefonieren – dadurch verlieren wir den Bezug zu unserem Körper und fühlen uns gehetzt.

Bei der Geh-Meditation handelt es sich um eine Achtsamkeitsübung. Hier geht es darum, beim Gehen jede Kleinigkeit wahrzunehmen und ganz im Hier und Jetzt zu sein. Anhand der folgenden Anleitung zeige ich dir auf, wie die Geh-Meditation funktioniert und wie du sie im Alltag anwenden kannst.

Was genau ist Geh-Meditation?

Bei der Geh-Meditation handelt es sich um nichts anderes, als um das bewusste, achtsame Gehen. Die „Kin-Hin" im Osten (Geh-Meditation des Zen) wird als Unterbrechung zwischen Sitzmeditation praktiziert. Sie ist zumeist auch ein fixer Bestandteil von Retreats. Der Körper kann durch die Geh-Meditation nach einer längeren Sitzmeditation wieder entlastet werden.

Vom buddhistischen Mönche und Achtsamkeitslehrer Thich Nhat Hanh wird das Gehen als Selbstzweck angesehen. Ein jeder Schritt soll glücklich und friedvoll machen und uns so in die gegenwärtigen Momente zurückholen. Außen vor sollen Pläne, Ängste und Sorgen bleiben.

„Wenn du gehst, dann geh, als seist du schon angekommen. Denn wo du bist, ist alles, was du brauchst." (Hadjara)

Wie funktioniert die Gehmeditation?

Im Grunde funktioniert die Gehmeditation ebenso wie jede andere Meditation. Es geht dabei um das bewusste Wahrnehmen des gegenwärtigen Augenblicks. Jede kleine Empfindung in den Muskeln, auf der Haut und im gesamten Körper wird während des konzentrierten Gehens in Achtsamkeit wahrgenommen. Dadurch haben andere Gedanken keinen Platz mehr.

Die Körperempfindungen können durch die Verlangsamung der Bewegungen leichter beobachtet werden. So kann jedes Detail wie die Beschaffenheit des Bodens, das Anspannen der Muskeln, die Gewichtsverlagerung des Körpers, das Aufsetzen der Ferse und vieles mehr, intensiv beobachtet und wahrgenommen werden.

Das tolle an dieser Meditations-Art ist, dass es möglich ist, sie überall auszuführen und das ohne zusätzliche Übungszeit aufzubringen. Egal ob du dich auf den Weg in den Supermarkt befindest, zum Bäcker gehst oder eine Runde um das Haus gehst. Selbst das Tempo ist variabel, du kannst langsam gehen oder flott - wichtig ist nur, dass du bewusst gehst.

Meine Anleitung bezieht sich auf die Grundversion der Geh-Meditation. Diese ist leicht zu erlernen und sie erfordert keinerlei Grundkenntnisse. Das Beste ist, dass du 10 Minuten am Tag übst. Hast du ein wenig Erfahrung gesammelt, dann kannst du weitere Übungsvarianten ausprobieren.

Die Vorübung: finde den Schwerpunkt und erde dich

Empfehlenswert ist es, wenn du vor der Meditation eine kleine Erdübung machst. Dafür stellst du dich mit beiden Beinen stabil auf den Boden und dann pendelst du nach links, nach rechts, nach vorn und nach hinten, bis das du deinen stabilen Schwerpunkt gefunden hast.

Schließe deine Augen und stell dir vor, wie du durch den Kopf einatmest und der Atem durch deinen Körper fließt und beim Ausatmen über die Füße in den Boden strömt. Diese Übung machst du einige

Minuten und du wirst fühlen, wie du mit der Erde verwurzelt bist.

Geh-Meditation: die praktische Anleitung

Grundsätzlich solltest du in einem Raum üben, indem du dich wohlfühlst und in dem du dich frei bewegen kannst. Wichtig ist, dass du darauf achtest, dass du während der Meditation nicht gestört wirst.

Stelle dich mit beiden Beinen fest auf den Boden und nimm eine entspannte Haltung ein. Lasse beide Hände seitlich neben deinem Körper hängen oder du kannst sie vor oder hinter deinem Körper zusammenführen. Drücke die Knie nicht komplett durch und lasse sie locker.

Spüre den Boden unter deinen Füssen und atme tief ein. Konzentriere dich beim Einatmen voll und ganz auf deine Atmung und auf die Empfindung in deinen Füssen. Senke den Kopf, sodass du mit halb geöffneten Augen einen kleinen

Sichtbereich rund um deine Füße wahrnehmen kannst.

Verlagere jetzt dein Körpergewicht vom rechten auf den linken Fuß, sodass fast dein komplettes Gewicht auf diesem liegt. Hebe nun den rechten Fuß an, beginne mit der Ferse, dann die Fußsohle und am Schluss die Zehen. Achtsam setzt du den Fuß wieder ab, beginne wieder mit der Ferse. Dabei sollten die Bewegungen gleichmäßig und fließend sein.

Dann verlagerst du das Gewicht auf den rechten Fuß und wiederholst das Ganze mit dem linken Fuß. Während der Bewegungen nimmst du jede kleine Veränderung deines Körpers wahr. Du beobachtest beim Anheben des Fusses, wie sich deine Muskeln anspannen, bei Aufsetzen spürst du die Temperatur und die Unebenheiten des Bodens an deinen Füssen. Während der Gewichtsverlagerung fühlst du, wie dein ganzer Körper arbeitet, um das Gleichgewicht zu behalten.

Atme langsam und gleichmäßig. Bewege dich im Uhrzeigersinn durch den Raum und sei dir deiner Körperhaltung bewusst. Zwischendurch überprüfe, ob du mit deinen Gedanken noch bei deinen Füssen bist. Wenn das nicht so sein sollte, dann richte deine Aufmerksamkeit wieder gezielt auf diese.

Zwischendurch kannst du das Tempo variieren, schau einfach, was für dich angenehm ist. Sei dankbar dafür, dass du gehen kannst, und genieße die Stille und Ruhe die sich während des Gehens einstellt.

Nach rund 10 Minuten bleibst du stehen, schließt die Augen und richtest den Kopf wieder auf. Spüre nach, wie sich deine Füße nun anfühlen, und beobachte deine Atmung. Nimm am Schluss noch einmal einen tiefen Atemzug und öffne deine Augen.

Es gibt noch alternative Übungsvarianten zur Geh-Meditation, wie bspw. das du während des Gehens deine Atemzüge zählst: Du gehst einen Schritt - atmest ein und zählst Eins, du machst den nächsten Schritt, atmest aus und zählst zwei usw. Solltest du gedanklich abschweifen, dann beginn von vorn.

Meditiere während der Wartezeiten

Die Geh-Meditation eignet sich hervorragend, wenn du das nächste Mal auf jeden wartest oder auf etwas wartest. Diese Zeit kannst du unbemerkt nutzen, um zu meditieren. Beispielsweise kannst du am Bahnhof hin und her gehen und dabei drei Schritte lang einatmen, drei Schritte den Atem anhalten und drei Schritte ausatmen usw. So ist es dir möglich, selbst die kleinste Wartezeit zu nutzen, um frische Energie zu tanken.

Qi Gong

Noch vor dem Frühstück treffen sich die Menschen in China im Park und führen ganz konzentriert und in sich gekehrt ihre langsamen, fließenden Körperübungen durch – fast wie in Zeitlupe. Qi Gong bedeutet „Energieübung" und hat in China viele Anhänger – es ist schon fast eine Volks-"Bewegung".

Würde Qi Gong als Sport bezeichnet, dann würde das dieser Übung nicht annähernd gerecht werden. Denn beim Qi Gong handelt es sich um eine Kombination aus Atem-, Bewegungs- und Meditationsübungen und diese sind weitaus mehr als reine Leibesertüchtigungen. In China spielen die Qi Gong-Übungen eine wichtige Rolle, um die Gesundheit zu pflegen und den Fluss der Lebensenergie (Qi) zu harmonisieren. In der traditionellen chinesischen Medizin hat Qi Gong einen festen Platz und stellt eine wichtige Behandlungsmethode dar.

Die Wurzeln des Qi Gong

Die Lebensenergie „Qi" oder „Chi" spielt in der traditionellen chinesischen Kultur eine wichtige Rolle. Während der Übungen stellst du dir vor, wie die Lebensenergie durch die Energiebahnen (die Meridiane – lese später mehr unter Chakren) fließen und die verschiedenen Organsysteme versorgen. Diese Energie sammelt sich im Bereich des unteren Nabels, dem „Tor zum Himmel". Gesund ist der Mensch, wenn das „Qi" harmonisch fließt. Sollte Lebensenergie fehlen oder sich in bestimmten Organen stauen, dann hat das Unwohlsein und Krankheit zur Folge.

Der Übende versucht durch Qi Gong das „Qi" durch Bewegung und Konzentration zu harmonisieren und (wieder) zum Fließen zu bringen.

Wie ist es möglich, Qi Gong zu praktizieren?

Es ist wichtig, bei Qi Gong die Bewegungsabläufe richtig zu erlernen und auf die Atmung zu achten. Dazu sind unterschiedlich Qi Gong Übungen geeignet, wie bspw. die Übung, in der Stille und in der Bewegung, Übungen zur Körperhaltung, meditative Konzentration und Atemübungen.

Du kannst die Qi Gong Übungen im Liegen, Sitzen, Stehen und Gehen ausführen. Die Grundpositionen sind leicht erlernbar und du kannst Qi Gong fast überall praktizieren. Am bekanntesten ist das „Spiel der fünf Tiere", die entsprechend ihren Eigenschaften den fünf Elementen zugeordnet werden.

- Bär = Erde
- Kranich = Metall
- Affe = Wasser
- Tiger = Holz
- Hirsch = Feuer

Bei den Übungen werden die Bewegungen der Tiere nachgeahmt, wodurch Vorstellungs- und Ausdruckskraft trainiert und Emotionen auf spielerische Weise ausgedrückt werden. Vor allem wenn es darum geht, angestaute Aggressionen loszuwerden, ist diese Übung ideal.

Alle Qi Gong Übungen erfordern keinerlei besonderen Kraftanstrengungen und sind in jedem Alter ausführbar. Qi Gong kannst du beispielsweise als begleitende Therapie nutzen bei:

• bei Rückenschmerzen, Haltungsschäden, Gelenkproblemen
• bei Stress, Schlafstörungen, Müdigkeit, und stressbedingten Störungen wie Kopfschmerzen, Reizmagen, Reizdarm
• bei Bluthochdruck und Kreislaufproblemen
• zur Gesunderhaltung im Alter
• in den Wechseljahren zum körperlichen und geistigen Ausgleich

Zusammenfassung

Denke immer daran, du kannst immer und überall meditieren. Es ist keinesfalls schwer, das meditieren zu erlernen, und du bist auch nicht auf bestimmte Räumlichkeiten oder Rahmenbedingungen beschränkt – selbst dann wenn dies dir die Übungen zu Beginn erleichtern können.

Ich habe dir bereits gezeigt, dass Meditation sehr vielfältig ist und neben den bereits aufgeführten gibt es noch weitere dutzende von Arten und Techniken, sodass du mit Sicherheit das Richtige findest.

Kapitel 18: Wie Sie Ihre Innere Balance Finden

Wir schenken leider viel zu oft materiellen Werten eine große Bedeutung, beachten dabei aber immer weniger unsere inneren Werte. Das kann dazu führen, dass wir uns von unserem Wesenskern entfernen und das Wesentliche aus den Augen verlieren. In diesem Zusammengang hilft es, zu verstehen, dass materieller Wohlstand zwar positive Rahmenbedingungen schaffen kann, inneren Frieden kann er uns allerdings nicht geben.

Nur wenn wir auf dem mittleren Weg bleiben und gleichzeitig die Balance zwischen unseren materiellen und spirituellen Bedürfnissen wahren kann unsere Sinnsuche wirklich gelingen.

Lebensbereiche heranzoomen

Nehmen Sie Ihre Lebensbereiche unter die Lupe und überprüfen Sie dabei Ihren ganz persönlichen Standpunkt:

Wo stehen Sie aktuell und wo wäre die goldene Mitte? Welche Abweichungen gestehen Sie sich zu, weil sie Ihnen hoffentlich guttun? Welche verursachen bei Ihnen die meisten Bauchschmerzen und wie können Sie das ändern?

Denken Sie immer Schritt für Schritt, denn nur so kommen Sie am Ende auch ans Ziel. Bei großen Schritten oder gar Sprüngen drohen Sie zu stolpern oder von einem Gegensatz zum anderen zu eilen. Sie können dabei die folgenden Fragen als Hilfestellung nutzen:

Körper & Gesundheit

Was ist Ihnen Ihre Gesundheit wert?
Wie viel Zeit verbringen Sie täglich in Bewegung?
Essen Sie meistens gesund?

Familie, Freunde & soziale Kontakte

Widmen Sie Ihrer Familie ausreichend Zeit?

Pflege Sie Kontakte zu Freunden und Bekannten?

Sind Sie interessiert an Aktivitäten in Gesellschaft?

Beruf & Finanzen

Welchen Wert messen Sie den Finanzen bei?

Ist Ihr Beruf gleichzeitig Ihre Berufung?

Ist Ihr Einkommen im Verhältnis zu Ihrer Arbeit angemessen?

Geist & Seele

Hören Sie öfter auf Ihr Bauchgefühl?

Wie wichtig ist Ihnen Ihr seelischer Zustand?

Denken Sie über spirituelle Aspekte nach?

Freizeit, Hobbys & Kultur

Wie wichtig ist Ihnen Ihre Freizeit?
Gibt es ein Hobby, das Sie ausüben?
Interessieren Sie sich für Kultur?

Ethik & Moral

Ist Ethik ein Thema, was Sie beschäftigt?
Gehen Sie mit Ihren Mitmenschen wertschätzend um?
Sind Sie der Meinung, dass der Einzelne auch eine soziale Verantwortung hat?
Vermeidbares und unvermeidbares Leid

Der Buddhismus unterscheidet zwischen vermeidbarem und unvermeidbare Leid. Es gibt demnach Dinge im Leben, die wir selbst ändern und beeinflussen könnten. Wenn wir beispielsweise mit unserer Arbeit nicht zufrieden sind, können wir eine neue Stelle suchen oder uns beruflich neu orientieren.

Dann gibt es Faktoren, die wir nicht beeinflussen können, wie den Tod einer geliebten Person, die uns viel Kraft kosten und sie zu ändern ist aussichtslos.

Deshalb ist es umso wichtiger, dass eine vom anderen zu unterscheiden, was aber eben vielen Menschen schwerfällt.

Wir sollten lernen, unsere Energie dort gezielt einzusetzen, wo Veränderungen sinnvoll und möglich sind, und das, was sich nicht ändern lässt, gelassen annehmen.

Überlegen Sie ernsthaft, wie viele der Dinge, die Sie aktuell besitzen, wirklich wichtig für Sie sind und worauf Sie relativ leicht verzichten könnten, ohne dass sich bereits nach kurzer Zeit ein Gefühl großen Verlustes einstellen würde. Mit wie viel weniger könnten Sie auskommen? Schreiben Sie sich auf einem Blatt immer regelmäßig einige Notizen:

Folgende Dinge liegen mir besonders am Herzen. Ich würde Sie um keinen Preis der Welt hergeben:

Auf diese Dinge könnte ich getrost verzichten:

Überlegen Sie noch genauer, ob es nicht Dinge gibt, die im Laufe der Zeit eher zu einer Belastung für Sie wurden, von denen Sie sich trennen würden.

Was würde ich als Erstes auf dem Fenster werfen, wenn es mir erlaubt wäre?

Diese Übung können Sie vor allem dann machen, wenn Sie etwas neues, teures kaufen möchten. Fragen Sie sich, ob Sie es tatsächlich benötigen oder es lediglich aus reiner Habgier ist. Wenn Sie sich, egal aus welchen Gründen nun auch immer, für einen Kauf entschieden haben, dann genießen Sie diese auch. Ab und zu dürfen und sollten wir uns alle etwas gönnen, auch Dinge, die nicht wirklich notwendig sind.

Vielleicht werden Sie nach dieser Übung, Ihren Besitz mit ganz anderen Augen betrachten und erkennen, was Ihnen wirklich wichtig ist und was Sie sogar daran hindert, gelassen zu sein.

Entrümpeln Sie diese Dinge. Verschenken Sie, was in Ihren Augen ausgedient hat, anderen aber eine Freude bereiten könnte. So schaffen Sie sich einen Freiraum und Platz für Neues, dann nicht nicht unbedingt materieller Natur sein muss. Es können ganz einfach neue Gedanken, Ideen und Einsichten sein, die Ihnen zu etwas mehr Gelassenheit verhelfen. Seien Sie gespannt auf das, was Sie erwartet.

Kapitel 19: Die Wirkung Von Mediation Auf Die Psyche

Nicht nur der eigene Körper kann von Meditation profitieren. Die eigene Psyche kann von diesen Vorteilen ebenfalls Gebrauch machen.

Vor allem die Lebensenergie wie auch andere mentale Faktoren können sich bereits nach kurzer Zeit verbessern.

In den nächsten Abschnitten werden wir uns intensiver mit der Wirkung von Meditation auf die eigene Psyche beschäftigen.

Nr.1 - Mehr Konzentration und mentale Flexibilität
Konzentration und mentale Flexibilität sind Eigenschaften, die in unserer Gesellschaft eine immer wichtigere Rolle spielen.

Wenn wir vor einem Problem stehen haben wir sehr oft 2 Möglichkeiten. Die erste Möglichkeit besteht darin in Stress zu verfallen und sich von dem Problem einnehmen zu lassen.

Die zweite Möglichkeit ist es nach Alternativen zu suchen und nach Lösungen zu suchen.
Unter Stresssituationen kann das Gehirn aber nicht flexibel denken und sich auch nicht konzentrieren. Langfristige Meditation kann das eigene Stresslevel positiv beeinflussen.

Der Hippocampus, der für die Bildung von grauen Substanzen zuständig ist, kann sich ebenfalls positiv auf das eigene Stresslevel auswirken.

Mehr Konzentration und mentale Flexibilität wirken sich nicht nur positiv auf das Privatleben aus. Es gibt viele berufliche Situationen, wie zum Beispiel bei einem Krisenmanagement, wo diese Eigenschaften gefragt sind.

Nr.2 - Verbessertes Stressempfinden
Stress ist eine psychische Krankheit, von der immer mehr Menschen in Deutschland betroffen sind. Dabei werden Situationen als besonders stressig wahrgenommen, die es in Wirklichkeit gar nicht sind.

Stress hat in der Vergangenheit dem Menschen dazu gedient sein Überleben zu sichern.
Wenn ein Mensch in der Steinzeit von einem Mammut verfolgt wurde, dann wurden bestimmte Stresshormone, wie z.B. Cortisol ausgeschüttet, die dem Menschen die Flucht erleichtert haben.
Die gleichen Stresshormone können heutzutage ausgeschüttet werden, wenn die Bahn zur Arbeit 5 Minuten zu spät kommt oder man im Stau sitzt.

Dieser Stress schränkt dann wieder die eigene Handlungsfähigkeit und Flexibilität ein, die es ermöglichen würden nach alternativen Lösungsmöglichkeiten zu suchen.

Meditation hilft dabei den Geist zu beruhigen, selbst zum stillen Beobachter zu werden und somit im Alltag Stresssituationen besser beurteilen zu können.

Nr.3 - Achtsamkeit und Geduld
Sowohl im Privatleben als auch im Beruf spielen Achtsamkeit und Geduld eine große Rolle.

Großartige Dinge entstehen nicht über Nacht, sondern indem man ihnen jeden Tag Achtsamkeit und Geduld schenkt.

Durch die ständige Ablenkung in Form von Push-Nachrichten auf dem Handy, Social Media Benachrichtigungen oder Netflix wird unsere Achtsamkeit ständig unterbrochen.

Meditation hilft dabei den Fokus wieder auf das Wesentliche zu richten.

Kapitel 20: Zielgerichtete Meditation

Ziele geben Ihrem Tag und Ihrem Leben Sinn. Erst wenn wir selbst Energie entwickeln etwas anzupacken und unsere eigenen Ziele setzen, bringen wir ungeahnte Kräfte auf, diese Ziele tatsächlich auch zu verfolgen. Mit dem Erreichen Ihrer Ziele kommt das Glück und tiefe Zufriedenheit. Doch was tun, wenn Sie einfach nicht wissen, was Sie mit Ihrem Leben anfangen wollen oder nicht die nötige Motivation für Ihre Pläne entwickeln können?

Ihr Problem bisher ist: Sie sehen keine Ziele für Ihren Tag oder Ihr Leben! Sie sehen nur Wege! Ziele und Wege in Ihrem Leben zu finden, ist ebenfalls etwas, das Sie schon bald mit einer meditativen Einstellung erreichen werden. Schon wenn Sie am Morgen noch im Bett liegen, fallen Ihnen all die anstrengenden Wege ein, die Sie gehen müssen, um den heutigen Tag zu überstehen. Da ist die Präsentation, die

Sie noch immer nicht fertig ausgearbeitet haben. Da ist der Kollege, bei dem Sie sich so anstrengen müssen freundlich zu bleiben. Da ist der Aktenordner, der unmöglich in der vorgegebenen Zeit zu schaffen ist. Das alles bereitet Ihnen Kopfzerbrechen. Und da sind Ihre Karriere und Ihre Träume, die einfach nicht voranschreiten wollen. Das alles lässt Sie am Abend nicht einschlafen und am Morgen nicht aufstehen. Genau deshalb werden Sie ab jetzt nur noch das Ziel vor Augen haben, statt des steinigen Weges.

Schon wenn Sie am Morgen noch im Bett liegen und sich wieder mal kraftlos fühlen, machen sie Folgendes. Schließen Sie die Augen und holen Sie tief Luft. Stellen Sie sich vor, wie Sie alle negativen Gedanken, alle Gedanken an die Anstrengungen des Tages in sich sammeln. Halten Sie kurz die Luft an. Jetzt stoßen Sie all diese Gedanken aus sich hinaus, indem Sie kräftig ausatmen. Halten Sie wieder kurz die Luft an. Atmen Sie jetzt tief ein und stellen Sie sich vor, wie Sie während dem

Einatmen alle positive Energie und Kraft um sich herum aufnehmen. Konzentrieren Sie sich nun ausschließlich auf die Ziele, die Sie heute erreichen wollen und versuchen Sie nachzuvollziehen, wie Sie sich fühlen werden, wenn Sie diese erreicht haben.

Visualisieren Sie Ihre Ziele. Sie haben ja bereits gelernt, dass Sie eben nicht an den Weg denken sollen, um ein Ziel zu erreichen, sondern an das Ziel selbst. Dieses Zieldenken gibt Ihnen die nötige Motivation und Energie, eine Sache so gut wie möglich zu machen und trotzdem mit Spaß dabei zu sein. Wie denken Sie Ihre Ziele aber richtig? Vielleicht haben Sie schon einmal von Visualisierung gehört. Visualisierung verstärkt ein Bild und Gefühl vor Ihrem inneren Auge. Wenn Sie ein Ziel für den heutigen Tag haben, dann motivieren Sie sich, in dem Sie sich visuell genauestens ausmalen, wie es sein wird, wenn Sie dieses Ziel erreicht haben und wie Sie sich fühlen werden. Das funktioniert sowohl bei großen

Lebenszielen, um über einen längeren Zeitraum hinweg nicht die Motivation zu verlieren, als auch bei kleinen kurzfristigen Zielen. Nehmen wir an, Sie haben heute einen haufen Arbeit zu erledigen, für den Sie wahrscheinlich auch Überstunden machen müssen. Weil Sie diesen riesigen Berg Arbeit vor Ihrem inneren Auge sehen, wollen Sie erst gar nicht anfangen und schieben es immer weiter hinaus überhaupt aufzustehen oder zur Arbeit loszufahren. Wie können Sie dieser Herausforderung begegnen und diese Hemmung überwinden?

Noch immer sitzen Sie in Ihrer komfortablen Meditationsposition. Richten Sie Ihren Fokus auf das Ende dieses Tages, wenn Sie all die viele Arbeit hinter sich haben. Stellen Sie sich vor, was Sie an Ihrem Feierabend machen werden. Vielleicht sind Sie mit Freunden im Kino verabredet, vielleicht sitzen Sie eine Tiefkühlpizza schmatzend auf dem Sofa, vielleicht werden Sie Ihrem Hobby nachgehen. Malen Sie sich genau aus, wie es sein wird, wenn Sie das Büro heute Abend verlassen werden. Wie frei Sie sich fühlen werden, dass Sie all die Arbeit geschafft haben, die Sie sich vorgenommen haben. Malen Sie sich Ihre Feierabendszene so detailliert wie möglich aus. Genau diesen Moment, wenn Sie aus dem Büro laufen, Ihrer Freizeit entgegen, in der Sie tun werden, was immer Sie tun wollen, müssen Sie visualisieren. In diesen Moment projizieren Sie so viel Glück und Freude, wie jemand nur verspüren kann. Sie werden der glücklichste Mensch der Welt an diesem heutigen Abend sein. Übertreiben Sie ruhig mit Ihrer Visualisierung.

Sie haben die Szene nun genau vor Augen und wissen, wie gut Sie sich in ein paar Stunden fühlen werden. Diese Szene und die dazu gehörigen Gefühle können Sie im laufe des Tages immer wieder visualisieren. Sie müssen sich lediglich daran erinnern. Auf diese Weise produzieren Sie selbst positives Denken und Energie. Die Arbeit erledigt sich ganz von alleine, wenn Sie nur gut genug wissen und fühlen, wie es sein wird das Ziel am Ende des Tages zu erreichen.

Sollten Sie noch immer Probleme haben Ihren inneren Schweinehund zu überwinden und mit der Arbeit des Tages zu beginnen, kommt hier ein weiterer Tipp. Bevor Sie ihre Ziele visualisieren und positive Energie entwickeln, müssen Sie einen Umstand oder eine Situation so akzeptieren, wie sie ist. Sie ärgern sich ganz offensichtlich über etwas, was Sie heute zu tun haben. Etwas ist entweder viel zu anstrengend oder sehr unangenehm. In diesem Fall hilft logisches Denken. Akzeptieren Sie eine Situation, das heißt auch eine Erledigung, die Sie machen müssen, zu 100%. Hört sich einfach an und ist es auch, sofern Sie den Hebel in Ihrem Kopf finden, den Sie umlegen müssen, um einer Situation nicht mehr negativ-emotional sondern rational zu begegnen. Nehmen Sie die Situation so an, wie Sie ist. Akzeptieren Sie, dass etwas getan werden muss. Erinnern Sie sich daran, wofür im Leben sie dankbar sind und wie sie sich fühlen werden, wenn Sie diese Situation hinter sich gelassen haben. Wenn Sie das schaffen, werden Sie keinen Grund mehr finden zu jammern oder sich zu beschweren, denn Ihnen wird klar, dass Sie eigentlich glücklich sein sollten.

Kapitel 21: Meditation Lernen In 7 Schritten

Jetzt geht es darum, dass du Meditation auch ausübst. Aber wie genau sollst du das anstellen? Folge diesen einfachen Schritten dafür!

1. Zuerst solltest du dir die einzelnen kleinen Beschreibungen durchlesen und eine Technik auswählen. Vier von den oben genannten werden in diesem Buch später näher ausgeführt.

2. Am Anfang ist es wichtig, dass du einen ruhigen Ort zum Meditieren findest. Es sollte ein Ort sein, wo du dich wohl fühlst und keine unmittelbaren Gefahren oder größeren Störungen ausgesetzt bist.

3. Stelle dir einen Wecker – Handy fällt weg, das solltest du am besten ausschalten oder woanders lassen. Damit du nicht ständig die Uhrzeit ablesen musst, ist es also ratsam einen Wecker zu stellen.

Wenn du gerade zum Meditieren beginnst, kannst du den Wecker auf 5 oder 10 Minuten einstellen. Das sollte für die erste Session genügen.

4. Setze dich nieder. Auf einen Sessel, eventuell auf einer Couch, oder idealerweise auf den Boden. Du solltest jedoch dein Bett vermeiden, weil du sonst in Versuchung gerätst bei der Meditation einzuschlafen. Dabei ist es wichtig, dass du die Position nicht unangenehm findest und du stets mit geradem Rücken und balancierten Kopf sitzt. Den Kopf nicht nach unten, nach oben oder auf die Seite neigen. Die Hände auf den Schoss legen und die Augen offenlassen oder schließen. Achtung: wenn du die Augen offenlässt, konzentriere dich nicht auf eine Sache (außer die Technik verlangt es von dir) sondern schaue in die Ferne.

5. Stelle dir die Hilfsmittel auf, die du möchtest. Zünde Räucherstäbchen an oder drehe entspannende Musik auf.

6. Noch ein paarmal tief durchatmen, um dich für die Meditation vorzubereiten. Nun steht der Meditation nichts mehr im Wege. Folge der Anleitung deiner gewählten Meditation.

7. Idealerweise meditierst du 1-2 mal am Tag. Am besten nach dem Aufstehen und vor dem zu Bett gehen. Wichtig dabei ist, dass du dir eine fixe Zeit ausmachst, der du auch treu bleibst.
Theoretisch kannst du überall meditieren. Das heißt, du kannst, falls du es aus zeitlichen Gründen am Morgen nicht schaffst, in der Arbeit im Bürosessel meditieren.

Kapitel 22: Wissenschaft Und Meditation

Seit mehreren Jahrzehnten bestätigen wissenschaftliche Studien die vielzähligen neurologischen Auswirkungen des Meditierens auf unser Gehirn, z.B. eine Veränderung der Anzahl der Grauen Zellen, eine reduzierte Aktivität im Ich-Zentrum oder eine verbesserte Verbindung zwischen den zwei Gehirnhälften.

Ich möchte kurz auf die bemerkenswertesten Studien der letzten Jahre eingehen.

In einer Studie der UCLA (University of California, Los Angelos) fand man heraus, dass das Gehirn von Langzeit-Meditierenden langsamer altert.

Florin Kurth, Mitwirkender an dieser Studie, sagte, dass man kleine Veränderungen bei Langzeit-

Meditierenden erwartet habe, jedoch stellte sich heraus, dass es große Veränderungen bei den grauen Zellen überall in dem Gehirn gab.

Eine andere Studie beschäftigte sich mit der Verbindung zwischen Meditation und negativen Geisteszuständen wie Depressionen, Angst und Schmerz. Madhav Goyal fand mit seinem Team heraus, dass die Wirkung von Meditation auf Zustände wie Angst, Schmerz und Depressionen auf 0,3 eingestuft werden kann. Das ist dieselbe Wirkung, die Antidepressiva auf Sie haben. Mit anderen Worten kann Meditation bei Menschen, die täglich für 10-30 Minuten meditieren große Veränderungen bewirken, die auch wissenschaftlich nachgewiesen sind.

Eine andere Studie aus Harvard zeigt wie Meditation Ihre Gehirnstruktur verändern wird. Dort wurde aufgezeigt wie ein 8 wochenlanges Meditieren die Dicke des Hippocampus vergrößert. Der Hippocampus ist für unser Gedächtnis und unsere Lernfähigkeit zuständig. Darüber hinaus hilft er dabei Emotionen zu regulieren, wenn Sie sich beispielsweise in einer stressigen Situation befinden, kann Ihr Gehirn nun besser mit dieser Situation umgehen. Sie gewinnen an Kontrolle über Ihre eigenen Emotionen und können in der Folge besser mit schwierigen Situationen aller Art umgehen.

Studien mit Kindern bei denen ADHS diagnostiziert wurde ergaben, dass Meditation innerhalb weniger Tage Veränderungen im Gehirn bewirken kann.

Die Konzentrationsfähigkeit bei Kindern mit ADHS stieg stark an.

Dies überrascht wenig, wenn man bedenkt, dass man sich beim Meditieren auf eine bestimmte Sache konzentriert.

Gerade in unserer modernen Welt werden wir von immer mehr Dingen abgelenkt, sodass es uns zunehmend schwerer fällt uns auf eine einzige Sache zu konzentrieren.

Kapitel 23: Die Körperstellung Für Deine Meditation

Es ist wichtig, dass du für deine Meditation die richtige Körperstellung findest, in der du über längere Zeit verharren kannst. In Sanskrit wird eine solche Stellung als „Asana" bezeichnet.

Asana ist eine definierte Körperstellung, die durch Übung fest und angenehm wird. Eine Stellung kann dann als fest bezeichnet werden, wenn der Körper darin wie von selbst verharrt. Darum ist es wichtig, dass du deine Aufmerksamkeit auf das Meditationsobjekt fokussierst – dazu später mehr. Zudem muss die Stellung angenehm sein, damit der Körper diese nicht als störend wahrnimmt.

Ob sich eine Stellung als angenehm erweist, das kann nur die Zeit beantworten. Jedes Asana ist nach anfänglich längerem Sitzen unangenehm, da sich Geist und Körper erst einmal an das längere, bewegungslose Sitzen gewöhnen müssen.

Hier zeige ich dir einige Asanas auf, die gut für Anfänger geeignet sind:

Vajrasana – Drachensitz

Wenn du das Meditieren erst erlernst, dann eignet sich der Drachensitz als Asana. Von den meisten Westeuropäern kann dieser sehr einfach eingenommen werden. Nach dem Lotussitz – der klassischen Meditationshaltung – ist er der festeste Sitz und der, bei dem du deinen Rücken mühelos gerade halten kannst.

Zudem wird durch den Drachensitz die Entwicklung der Willenskraft sowie die Lösung von Beinverspannungen gefördert. Selbst wenn du unter Verdauungsstörungen leidest, ist der Drachensitz hilfreich. Am ehesten wird diese Asana mit einer „wachen", „aufmerksamen" Haltung verknüpft.

Die Beschreibung der Meditationshaltung Vajrasana:
Knie dich mit geschlossenen Beinen hin.
Setze dich so auf deine Beine, dass dein Po zwischen den Fersen ruht.
Richte deinen Oberkörper auf und achte darauf, dass dein Rücken gerade ist.
Strecke deine Arme locker aus und drücke die Ellbogen NICHT vollständig durch.
Lege deine Hände auf die Oberschenkel – Handflächen nach oben.
Strecke deine Finger, so dass sie gerade sind – aber Überstrecke sie nicht – ein Muskeltonus verbleibt – deine Finger und Daumen liegen aneinander.
Halte deinen Kopf gerade und schließe die Augen.
Solltest du stärkere Verspannungen in deinen Oberschenkeln, Waden oder im Spann bemerken, dann helfen dir Dehnungsübungen, so dass du dich schneller an den Sitz gewöhnst. Je lockerer du bist, desto unproblematischer werden

deine längeren Meditationssitzungen im Drachensitz.

Savasana – Totenstellung

Bei dieser Asana handelt es sich nur um eine zusätzliche Meditationsstellung. Es handelt sich um die lockerste, denn alle Spannungen in den Muskeln können hier losgelassen werden. Dadurch, dass die Totenstellung Ähnlichkeit mit unserer Schlafstellung aufweist, ruft sie bei vielen ungeübten Müdigkeit hervor.

Bist du von Natur aus ruhig, dann wirst du leicht einschlafen und das spricht gegen diese Asana. Doch bist du eher aufgedreht und nervös, dann kann diese Stellung aufgrund ihrer stark beruhigenden Wirkung hilfreich sein.

Die Beschreibung der Meditationshaltung Savasana:
Lege dich auf den Rücken.
Schließe deine Beine.

Die Füße lässt du v-förmig auseinanderfallen, wobei sich die Fersen leicht berühren.

Die Arme legst du leicht angewinkelt neben den Körper, die Handflächen zeigen auf den Boden.

Schließe die Augen.

Tipp: Du kannst dir ein kleines Kissen unter den Kopf legen. Solltest du mit der Armstellung Probleme haben – zumeist sind es die Schultern – dann kannst du die Handflächen neben dem Körper auch nach oben drehen.

Siddhasana

Das Siddhasana ist für Anfänger in der Meditation empfehlenswert. Bei dieser Stellung handelt es sich um einen Allrounder, denn du kannst sie auch später für lange oder anspruchsvollere Meditationen verwenden. Als Anfänger kann es sein, dass du ein Kissen unter den Po legen musst, damit der Rücken aufrecht gehalten werden kann.

Die Beschreibung der Meditationshaltung Siddhasana:

Setze dich mit geradem Rücken hin – bei Bedarf setze dich auf ein Kissen.

Ziehe die Fersen zum Becken und lasse die Knie seitlich fallen, so dass sie auf dem Boden aufliegen.

Die Hände legst du ausgestreckt mit den Handrücken auf die Knie. Die Arme sind dabei gerade, aber nicht komplett durchgestreckt.

Wie kann die Asana geübt werden?

Die Asana kannst du nicht vorab üben, sondern das passiert während der Meditation. Lege eine bestimmte Zeit fest, in der du regungslos sitzen bleibst. Denn nur so ist es möglich, dass sich der Lockerungsprozess entwickelt. Mit jeder Bewegung die du ausführst, unterbrichst du das. Du wirst nach einer Weile den Drang verspüren, dich zu bewegen, da es irgendwo juckt, zwickt, sticht oder drückt. Dabei handelt es sich um

Begleiterscheinungen, die dir zeigen, dass sich deine Muskeln dehnen und lockern.

Sollte deine Asana anfangen, während der Meditation unangenehm zu sein, dann lasse es einfach geschehen. Wechsel die Asana nicht, wenn du Schwierigkeiten damit bekommst. Der Körper wird sich nach einiger Zeit daran gewöhnen und im Laufe der Zeit wird sie die „bequemste Stellung sein, die du dir vorstellen kannst".

Kapitel 24: Verschiedene Meditationsarten Und Ihre Unterschiede

Seit der Antike ist Meditation eine typische Praxis für Buddhisten, Islamisten und Hindus. Heutzutage wird Meditation von sehr vielen Menschen, unabhängig von ihrer Religion, praktiziert. Seien es Pädagogen, Sänger, Minister, Mütter, Väter, Großeltern, Jugendliche und sogar Kinder; sie haben die Möglichkeit von der Meditation zu profitieren. Es hat sich zu einer Heilstrategie entwickelt, die nicht ausschließlich dazu benutzt wird, einen näheren Gottesspaziergang zu vertiefen, sondern sich auch in eine psychologische und physische Praxis verwandelt hat.

Worum geht es?

Meditation ist eine Übung, die verwendet wird, um den Geist durch kontrollierte Atmung, einen geführten Mentor, Meditationsmusik oder durch verschiedene Körperpositionen zu reinigen. Es wird benutzt, um den Geist zu kontrollieren, der es dem Körper ermöglicht, sich selbst zu verwalten. Meditation ermöglicht ein ruhiges, friedliches Gefühl der Ruhe, um den Körper zu erreichen. Zahlreiche Menschen verwenden ebenfalls Meditation, um bei der Heilung des Körper mit bestimmten Bedingungen zu helfen.

Verschiedene Techniken

Passiv - ist eine Art der Vermittlung, die es dem Gehirn ermöglicht, sich regelmäßig aufzulockern und zu entlasten, erreicht dadurch, dass man in den Raum starrt und sich ausruht.

Dynamisch - wird genutzt, um den Körper für die Dauer des Tages in einem durchdachten Zustand zu halten. Die Stille, die durch die dynamische Vermittlung erreicht wird, ermöglicht es dem Individuum, Frieden in den Alltag zu bringen.

Religiös - wird genutzt um sich Gott zu nähern. Ein genauerer Name für religiöse Meditation ist "Überlegung". Regelmäßig begleitet diese Art von Meditation CDs mit einem leiteten Mentor, sodass das Gehirn auf eine friedliche Art und Weise beruhigt wird, damit es sich auf Gottes Wort und die Botschaft, die er für das tägliche Leben hat, konzentriert.

Yoga - hat viele Methoden zum Nachdenken, einschließlich Himalaya, Modernes, Traditionelles und rund 190 weitere Yoga Sutras von Patanjali. Yoga-Meditation wird verwendet, um den Körper und das Gehirn zu kanalisieren, zu assistieren, zu beruhigen und zu organisieren.

Offen - wird genutzt, um auf alltägliche Situationen reagieren zu können. Ein Fall von ansprechender Meditation ist Zen.

Auf Konzentration spezialisiert - wird verwendet, um sich vollständig auf einen einzelnen Aspekt zu konzentrieren, sei es Atmen oder eine Frage.

Generativ - bewirkt, dass man ein Gefühl der Anbetung und Überlegung ausübt, indem man kreative Fähigkeiten und Erinnerungen nutzt.

Intelligent - Meditierende konzentrieren sich auf einen einzelnen Aspekt und bleiben offen für die Gefühle, die sie inmitten der Aktivität fühlen.

Da es eine breite Palette von Arten von Meditation gibt, werden diese Ihnen ein überlegenes Verständnis darüber geben, worauf sich jede einzelne Methode spezialisiert und bewirkt. Während Sie die Art auswählen, die Sie ausprobieren möchten, stellen Sie sicher, dass Sie ein paar Minuten zwei oder drei Mal pro Tag ausprobieren, um das bestmögliche Ergebnis zu erzielen.